本书由南京大学文学院副院长、
中国古代文学教授苗怀明博士审订，
特此致谢。

把成语用起来

一读就会用的

分类成语故事 四

言语和口才 · 议论和评价

歪歪兔童书馆 / 编著

海豚出版社
DOLPHIN BOOKS
CICG 中国国际传播集团

目录

07/ 言语和口才

口若悬河	4	言过其实	24
顽石点头	6	信口雌黄	26
天花乱坠	8	痴人说梦	28
巧舌如簧	10	出言不逊	30
谈言微中	12	口蜜腹剑	32
拾人牙慧	14	文过饰非	34
期期艾艾	16	大声疾呼	36
三纸无驴	18	绝口不道	38
空洞无物	20	噤若寒蝉	40
对牛弹琴	22	一诺千金	42
		一言既出，驷马难追	44
		食言而肥	46
		出尔反尔	48
		口血未干	50
		子虚乌有	52
		道听途说	54
		三人成虎	56
		曾参杀人	58
		郢书燕说	60

08/ 议论和评价

甚嚣尘上	62	先入为主	84
满城风雨	64	曲高和寡	86
跖犬吠尧	66	小时了了	88
千夫所指	68	五十步笑百步	90
金玉其外，败絮其中	70	耳熟能详	92
味如鸡肋	72	闻所未闻	94
自相矛盾	74	咄咄怪事	96
天衣无缝	76	无可厚非	98
大谬不然	78	差强人意	100
以古非今	80	千虑一得	102
以貌取人	82		

附录/ 分类成语　104

口若悬河
kǒu ruò xuán hé

南朝宋·刘义庆《世说新语·赏誉》:"王太尉云:'郭子玄语议如悬河泻水,注而不竭。'"

07 言语和口才·口才·口若悬河

释 悬河：瀑布。说起话来就像瀑布向下倾泻一样，没有停止的时候。形容人十分健谈，善于说话。

近义 喋喋不休 滔滔不绝 能言善辩

反义 一言不发 沉默寡言 讷口少言

西晋时期，有一位大学问家叫郭象。他从小就勤学好问，喜欢钻研，渐渐地，名声越来越大。

郭象这个人虽然有学问，人品却不怎么好。当时，有一个叫向秀的人，他给《庄子》一书做注释，把庄子的思想诠释得酣畅淋漓。但很不幸，向秀还没有完成整本书的注释工作就去世了。郭象趁着这个机会，竟然厚颜无耻地把向秀的工作成果占为己有了。他把向秀的注释整理了一遍，把没完成的几篇补上了，以自己的名义发表出来。这下子，郭象的名声更响亮了，以至于当时社会上掀起了读《庄子》的风潮。

有人对郭象说："郭象啊，你这么有名气，让人推荐一下，肯定能当大官！"晋朝时期还没有科举制度，想当官除非是贵族，不然就要靠贵族推荐。郭象却不屑地说："做什么官啊！读书人就要有读书人的样子，不要总想着升官发财。"

郭象的心里其实早就打好了算盘，他觉得，现在别人推荐他做官，官职肯定不大。于是郭象就摆出一副清高文人的样子，每天门也不出，只是读书写文章。别说，这一招还真管用，人们纷纷夸赞说："郭象真是一个有骨气的文人呐！"

后来，连京城的太尉王衍（yǎn）也知道这个人了。有一次，王衍招郭象闲谈，郭象知道王衍是个大官，便抓住机会卖弄自己的学问。他上到天文地理、治国理政，下到农田水利、百姓生活，无所不谈，令王衍十分佩服。王太尉多次在别人面前夸奖郭象说："<u>听郭象说话，就好像瀑布倾泻一样，向下灌注却没有停止的时候。</u>"

后来，郭象终于如愿当上了大官。但这也让人明白了，郭象之前的骨气都是装出来的，这种虚伪的行为遭到了当时文人们的鄙视。

例句

- 知县见他说得口若悬河，又是本朝确切典故，不由得不信。（清·吴敬梓《儒林外史》）
- 辩论赛上，我们学校的选手口若悬河，把对方选手辩得哑口无言，太厉害了！

成语个性

也作"口如悬河""口似悬河"。口若悬河一般是褒义词，但有的时候会褒义词贬用，用来形容人说话啰唆、没完没了。

顽石点头

wán shí diǎn tóu

晋·无名氏《莲社高贤传·道生法师》："（竺道生）入虎丘山，聚石为徒。讲《涅槃经》……群石皆为点头。"

释 顽：愚顽无知。形容道理讲得生动、透彻，使没有悟性的人听后都容易接受、信服。

近义 鞭辟入里 精诚所至，金石为开　　**反义** 顽固不化 执迷不悟

东晋时期，有一位和尚叫竺（zhú）道生。道生和尚学识非常高，对佛学很有研究。有一次，道生和尚去江南的一个寺庙中讲学，他说："这世间万物，大到高山大河，小到石头沙子，都是有佛性的。"庙里的和尚都不同意道生和尚的观点，纷纷说

道:"这和尚简直是胡说八道嘛!""就是,石头怎么可能有佛性,简直胡说!"于是,就把道生和尚赶出了寺庙。

道生和尚独自一人四处逛了起来。走着走着,他来到了一座深山中。山里草木丛生,鸟儿在树枝间欢快地唱着歌。一条清澈的小河从远处流淌过来,阳光从茂密的树冠中透下,像金子一样撒在河水里。道生和尚看着这美丽的景色,心想:"这不就是佛法所说的万物都有灵性吗?"想到这里,道生和尚下定决心要把自己的观点证明给那群和尚看。

道生和尚在山中找了许多大石头,把它们都搬回了山下的寺庙里。庙里的和尚看到后,纷纷嘲笑:"这和尚傻了吧?搬大石头来干吗?"

道生和尚并不理会,他把这些大石头一块一块地排列好,然后把它们当成听众,像教徒弟一样对他们讲述经书上的佛法和自己的看法。围观的和尚哈哈大笑:"你这简直是在开玩笑!这些大石头怎么可能听得懂你说的话啊?"

面对别人的嘲笑,道生和尚并不灰心,他每天都十分认真地对这些大石头讲佛法。就这样日复一日,别的和尚都习惯了道生和尚这样疯癫的行为,见怪不怪了。

由于对佛法的研究非常深,道生和尚所讲的内容不但十分透彻,而且生动活泼。有一天,道生和尚照例又对着石头讲经。讲到精彩的观点时,他忍不住问这些石头:"你们说,我说的这些观点对不对?"让人意想不到的事情出现了,这些大石头竟然个个都点起了头,好像在说:"对啊!你说得太对了!"

其他和尚看到这样的场面,个个目瞪口呆。后来,寺庙里的和尚终于被道生折服,都惭愧地说:"大师的佛法实在是高深,连顽石都能够被感化,我们服气了!"

例句

● 文相公这一番议论,真可使顽石点头,胜如药饵百倍!(清·夏敬渠《野叟曝言》)

● 小明沉湎于玩游戏,经常逃课,但王老师并没有放弃他,而是耐心劝导,小明终于顽石点头,逐渐把心思放到学习上来了。

成语个性

"顽石点头"由《莲社高贤传·道生法师》中的"群石皆为点头"一句简化而成。连用成语"生公说法,顽石点头"中的"生公"指的就是竺道生和尚。据说,顽石点头的故事发生在现在江苏苏州的虎丘山风景名胜区。现在的虎丘景区里,还留有生公讲台、千人坐、点头石等古迹。

天 tiān 花 huā 乱 luàn 坠 zhuì

唐·般若（译）《大乘本生心地观经·序品》：「六欲诸天来供养，天华乱坠遍虚空。」

释 天上的花朵纷纷向下掉落。形容说话有声有色、生动动听。多指人说话十分漂亮，但是非常夸张且不合实际。也形容心里非常高兴或感觉非常美妙。

近义 信口雌黄　花言巧语

反义 语不惊人　平铺直叙

东汉时期，佛教从印度传入中国。到了南北朝时期，佛教在中国已经非常兴盛了，上到王公贵族，下到平民百姓，信仰佛教的人比比皆是。

南朝的梁武帝萧衍就是一个狂热的佛教徒，他在全国各地建了许许多多的寺庙，供僧人们研习修行。为了更好地宣扬佛法，梁武帝还专门从印度请来僧人翻译佛经，招收弟子。有时候梁武帝兴致一来，竟然放着朝政不去理会，亲自去一些寺庙讲经说法，而且讲得非常好，听众、信徒们都非常敬佩他。

传说，有一次梁武帝邀请当时非常有名望的云光大法师来都城开坛讲经说法。云光法师对佛法有着非常精深的研究，而且能把高深的佛法讲得绘声绘色、浅显易懂。让人没想到的是，云光法师讲的经好到连老天爷都被感动了，于是把许许多多五颜六色的花朵撒落到人间。一时间天上地下到处都是美丽的鲜花，让人们几乎看花了眼。梁武帝高兴地说："大师，您讲经讲得太好了，想不到佛法是如此的奇妙啊！"

从那以后，梁武帝更加痴迷于佛教。他严格按照僧人的戒律，每天只吃素，不饮酒，也不穿丝绸做的衣服。甚至一些囚犯被判了死罪，朝廷必须处死他们时，梁武帝都会闷闷不乐好几天。到后来，梁武帝甚至几次出家做和尚，沉醉于佛法研究，完全不理朝政。最后，梁武帝的部将举兵谋反，把他囚禁起来活活饿死了。

成语个性

南朝是东晋之后的一段历史时期，包括宋、齐、梁、陈四个朝代。南朝时佛教开始兴盛，全国各地广建寺庙，光是都城南京的寺庙就多达几百座。唐朝诗人杜牧曾写下"南朝四百八十寺，多少楼台烟雨中"的诗句。传说，当年的云光法师就是在现在南京雨花台景区高座寺后的山顶开坛讲经，空中花落如雨，花瓣落地后化作五彩斑斓的石子，雨花台因此得名，这些美丽的石子就叫雨花石。

例句

凭那哥哥说得天花乱坠，只是不肯回去。（明·凌濛初《二刻拍案惊奇》）

老师经常教育我们，话说得再天花乱坠也是没有用的，只有脚踏实地、认真努力，才能把事情做好。

巧舌如簧

《诗经·小雅·巧言》:"蛇蛇硕言,出自口矣。巧言如簧,颜之厚矣。"

释 舌头灵巧得像簧片一样。形容人的言辞虽然美妙动听,但是十分虚伪。

近义 巧言令色 花言巧语　**反义** 沉默寡言 笨嘴拙舌

陈蕃(fān)是东汉时期有名的贤臣,他从小就聪明好学,而且胸怀大志。

少年时的陈蕃性格洒脱、不拘小节,屋子里经常乱糟糟的。有一天,陈蕃正在读书,父亲的好友薛勤来看望他。薛勤一进屋就皱起了眉头,指着满地的垃圾问陈蕃:"屋子这么脏乱,你小子怎么也不打扫一下啊?"陈蕃一边翻着书页一边回答道:"男子汉大丈夫,应该扫除天下的祸患,哪能只顾自己的屋子呢?"薛勤听了暗暗称奇:"没想到这孩子的志向这么远大,长大了准是个人才!"

后来,陈蕃在朝廷里做了官。他性格耿直,隔三差五就给汉桓帝上书,不是劝谏皇上要自省,就是提醒皇上远离奸臣,搞得桓帝不胜其烦,陈蕃也因此好几次被撤官。

有一次,白马县的县令李云向汉桓帝写了个奏章,劝谏皇上不要轻信宦官谗言。奏章里有些话写得太过直白,桓帝看后气得够呛,下令把李云抓起来斩了。陈蕃知罪,但两位疾恶如仇的太守竟然不听圣旨,把这两个人都给杀了。这下可捅了大娄(lóu)子,桓帝大怒,下令要将两个太守杀头。

陈蕃又赶忙上书劝谏皇上,他写道:"那些爱进谗言的小人看上去很老实,说的话就像簧片发出的乐音一般动听,使人迷惑。而国家的兴衰,往往就在于君主能否明辨是非、惩恶扬善。皇上您一定不要轻信奸臣的话啊!"但昏聩(kuì)的桓帝这时候根本听不进陈蕃的话,一道圣旨,又一次罢免了他。

道此事后,赶忙上书为李云求情。桓帝正在气头上,直接罢了陈蕃的官。但没过几天,桓帝又惦记起了陈蕃,于是又把他请了回来,还给他升了官。

桓帝晚年时,愈发宠幸宦官。宦官们手握大权,又有皇帝当靠山,经常胡作非为。在南阳,有个叫张汜(sì)的商人平日里结交宦官,欺压百姓,干了许多坏事。南阳太守让人把张汜抓了起来。这时,太原太守也逮捕了一个为非作歹的宦官。桓帝下令赦免这两人的死

例句

● 巧舌如簧总莫听,是非多自爱憎生。三人告母虽投杼,百犬闻风只吠声。(唐·刘兼《诫是非》)

● 电话骗子们一个个巧舌如簧,能把根本没有的事说得像真的一样,使得很多人上当受骗。

成语个性

本成语最早为"巧言如簧",后人引用时多写成"巧舌如簧",更为通俗。也写作"如簧巧舌"。簧,是管状乐器里用来发声的薄片,一般用金属制成。

谈言微中
tán yán wēi zhòng

汉·司马迁《史记·滑稽列传》:"天道恢恢,岂不大哉;谈言微中,亦可以解纷。"

释 微中:微妙曲折之中切中要害。说的话虽然微妙委婉,但能切中问题的要害。

近义 一针见血 一语中的(dì) 言必有中 **反义** 词不达意 言不及义 牵强附会

在中国古代,人们把表演歌舞、演滑稽戏的艺人叫作俳(pái)优。秦朝就有这样一个人,很善于讲笑话,他的名字叫旃(zhān),于是大家都管他叫优旃。优旃身材矮小,长得也不出众,但他所讲的笑话里往往包含着中肯的大道理,所以秦始皇很欣赏他,把他留在宫中侍奉自己。

有一天,秦始皇在宫中摆了酒宴来招待大臣们。恰巧天上下着瓢泼大雨,在宫殿外站岗的侍卫们都被淋透了,冷得瑟瑟发抖。优旃非常同情他们,便走过去小声问道:"你们想不想休息一下?"侍卫们连声说道:"想休息!非常想休息!"优旃就对侍卫们说:"我有办法。你们一会儿听我呼唤,我叫你们的时候,你们马上答应!"

过了一会儿,大臣们开始向秦始皇敬酒。优旃趁机走到宫殿门口,大声喊道:"侍卫!侍卫在哪里?"侍卫们听到优旃的呼唤,马上答道:"在!"优旃对他们说:"你看看你们一个个,虽然长得高大威猛,但不还是站在外面淋雨受冻吗?我呢,虽然长得又矮又丑,但是我有福气,能在宫殿里休息,淋不着雨!"

优旃的声音很大,引起了秦始皇的注意。秦始皇这才注意到,他的侍卫们还站在雨中呢。于是秦始皇命令道:"你们一半人去休息,一半人执勤,轮换着来。"侍卫们能休息了,都向优旃投去了感激的目光。

还有一次,优旃陪同秦始皇游览皇家园林。秦始皇对优旃说:"这园林太小了,我想把它再扩大几倍。"优旃担心扩建园林会劳民伤财,但不好直接反对,就委婉地说:"这个主意好啊!修好园林后再在里面养一些鹿啊鸟啊什么的,等到敌国攻打我们的时候,就拿鹿角去顶他们,用鸟翅膀去扇他们,这样还省了士兵呢!"秦始皇一

听这话，明白了优旃的意思，于是打消了扩建园林的念头。

秦始皇死后，他的小儿子胡亥即位。有一次，胡亥想把皇城的城墙用漆涂一遍。优旃又开起玩笑来："我同意您的想法！把城墙漆得光亮亮的，看着心里都美滋滋的！而且把城墙漆得光溜一点，敌人打到城下也不怕，光溜溜的墙面，敌人爬都爬不上来啊！"胡亥听了这话，忍不住笑了起来。优旃接着说："漆城墙好办，但是阴干不好办。您还得建一所大房子，把漆过的城墙放进去阴干。"听了优旃的话，胡亥明白了他的苦心，也就不再提漆城墙的事情了。

例句

🍂 牛布衣又说起：范学台幕中查一个童生卷子，尊公说出何景明的一段话，真乃"谈言微中，名士风流"。（清·吴敬梓《儒林外史》）

🍂 这位老师很善于和学生沟通，说的话往往谈言微中，既让学生容易接受，又照顾到了他们的自尊心。

成语个性

"中"读第四声，是中肯、得当的意思。连用成语"谈言微中，亦可解纷"出自《史记·滑稽列传》。意思是说，话语如果委婉且中肯，有时会让人打消不合理的念头，排解不少纠纷。

拾人牙慧
shí rén yá huì

南朝宋·刘义庆《世说新语·文学》:"殷中军云:'康伯未得我牙后慧。'"

释 拾：捡拾。牙慧：牙齿后面的智慧，指别人的观点和言论。捡取别人的只言片语当作自己的东西，比喻抄袭别人的意见或言论。

近义 拾人涕唾　鹦鹉学舌　人云亦云　　**反义** 独辟蹊径　不落窠臼　自出机杼

东晋时，有一个人叫殷浩。因为他曾经担任过中军将军，所以人们又称他为"殷中军"。

殷浩年轻的时候就很有学问，遇到问题喜欢思考钻研，对于《老子》《周易》等经学著作都有很精深的研究。而且，他很喜欢跟人讨论问题，为别人解惑，所以名望很高，当时很多名士都推崇他。后来，殷浩为了专心研究学问，干脆隐居在了深山里，长达十年之久。期间朝廷许多人来请他做官，都被他回绝了。后来，皇帝司马昱（yù）亲自给殷浩写信，请他出山辅佐，殷浩才答应下来。

殷浩有一个外甥叫韩康伯，聪明伶俐，能说会道，深得殷浩喜欢。殷浩经常在外人面前夸奖他："我这个外甥，将来肯定会是个人才。"夸奖听得多了，韩康伯开始骄傲自大起来，每天也不读书做学问了，逢人就卖弄自己的小聪明，吹嘘自己多么有才华。别人虚心向他请教问题，他即使不懂，也要装出一副知道的样子来糊（hù）弄别人。

有一次，韩康伯又在眉飞色舞地向别人发表言论，殷浩刚好路过，便竖起耳朵想听听自己外甥都有些什么见解。这一听，殷浩发现外甥说的观点都是自己曾经说过的，根本没有新意，而他却因为说服了人家，露出一副扬扬自得的神态。殷浩看他外甥那手舞足蹈的样子和自鸣得意的表情，皱着眉头很不高兴。事后他对朋友说："韩康伯这小子，以为得到了我的真传，其实连我牙齿后面的一点智慧都还没有得到呢。"

例句

母亲笑着对我说："你这篇论文是拾人牙慧的。"（茅盾《我走过的路》）

这篇文章没有一点自己的见解，完全是拾人牙慧。

成语个性

不少人将"牙慧"理解成从牙齿里剔出来的食物残渣，或者是从嘴里吐出来的嚼剩下的食物残渣，这都是不对的。"牙慧"即"牙后慧"，字面意思是牙齿后面的智慧，指言语间的智慧。所以，"拾人牙慧"不能解释成"捡取别人嘴里吃剩的东西来当作自己的东西"。

期期艾艾

qī qī ài ài

汉·司马迁《史记·张丞相列传》:"臣口不能言,然臣期期知其不可。陛下虽欲废太子,臣期期不奉诏。"南朝宋·刘义庆《世说新语·言语》:"邓艾口吃,语称'艾艾'。"

释 形容人口吃,说话不利索。

近义 吞吞吐吐 支支吾吾

反义 伶牙俐齿 能说会道

"期期"说的是西汉大臣周昌的故事。秦朝末年,刘邦斩白蛇起义,推翻了秦朝腐朽的政权。刘邦手下有一位叫周昌的文臣,经常给刘邦出谋划策,为西汉王朝的建立立下了不朽的功勋。刘邦也非常尊敬他,让他当了御史大夫,还封他为侯。

周昌这个人性格正直,敢于直言。但他有一个毛病,说话口吃,一句话得重复好半天,相当费劲。

刘邦宠爱的戚夫人生了一个儿子,叫刘如意,于是刘邦就想废掉原来的太子,把刘如意立为太子。有一天上早朝的时候,刘邦说了这件事,没想到遭到大臣们的一致反对。尤其是周昌,本来就口吃,这时候一着急,话说得就更不利索了。最后他急得干脆脱下官帽往地上一扔,磕磕巴巴地说道:"臣口不能言,然臣期期知其不可。陛下虽欲废太子,臣期期不奉诏。"意思是说:我虽然口吃,但我知道你这么做是不对的。陛下您如果要废掉太子，我不答应。

周昌这一结巴，把满朝百官都逗得前仰后合。刘邦也笑了，他明白这位老臣劝谏的良苦用心，于是就把废立太子这件事搁在一边了。

"艾艾"来自于三国时期魏国名将邓艾的故事。邓艾是魏国杰出的将领，他曾经率领魏国大军攻入成都，灭掉了蜀国，为魏国立下了汗马功劳。但邓艾也有口吃的毛病，说话很费劲，说起话来一着急就称自己的名字为"艾……艾……"。有一次，丞相司马昭和他开玩笑说："你老是说艾、艾的，你名字里究竟有几个艾？"邓艾知道司马昭这是在拿他开涮（shuàn），于是巧妙地回答说："古人常说'凤兮凤兮'，难道不就一个凤吗？"司马昭张了张嘴没说出话，心里想："这邓艾虽然口吃，脑子转得倒是挺快。"

后来，人们便把这两个关于口吃的故事合在一起，提炼出"期期艾艾"这个成语，用来形容口吃的神态。

例句

- 感情的激动使我说话期期艾艾了。（茅盾《腐蚀》）
- 小明课间和同学们说话时总是口若悬河，而在课堂上回答老师提问时就变得期期艾艾的。

成语个性

期期艾艾原本只用来形容口吃的人说话时结结巴巴的样子，后来放宽了含义，只要是形容人口吃（如激动、紧张等原因导致的）都可以使用。故事中邓艾提到的"凤兮凤兮"出自《论语·微子》：凤兮凤兮，何德之衰！西汉大辞赋家司马相如的《凤求凰》中也有"凤兮凤兮归故乡，遨游四海求其凰"之句。

三纸无驴
sān zhǐ wú lǘ

北齐·颜之推《颜氏家训·勉学》:"邺（yè）下谚云：'博士买驴，书券三纸，未有驴字。'"

释 买驴的契约写了三张纸，还没见到一个驴字。形容写文章或说话废话连篇，不得要领。

近义 连篇累牍（dú） 满纸空言 拖泥带水　**反义** 言简意赅（gāi） 简明扼（è）要 要言不烦

从前，有一个读书人，书没读几本，却自以为很有学识，无论做什么事都要装腔作势地卖弄一番自己的文采。所以，人们都讽刺地叫他"博士"。这个读书人还以为别人是在夸奖他，不但不生气，反而挺高兴。

有一天，博士准备买一头驴。他到市场上挑好驴，和卖驴的人讲好了价钱，然后让卖驴的写一份买卖凭据。卖驴的说："我不识字，还是你来写吧。"博士心想："哈哈，终于到了我施展才华的时候了。"于是很痛快地答应下来。

博士铺开纸，蘸足了墨，摇头晃脑地书写起来，过了好一会儿，写满了一张纸。卖驴的人看到纸上全是字，以为他写完了，挽起袖子就准备画押。博士却摆了摆手

说:"等会儿等会儿,你别急,我还没写完呢。"博士铺开第二张纸接着写,好半天又写满了。可是博士还没有停笔的意思,竟然铺开第三张纸又写了起来。卖驴的人等得实在不耐烦了,便问道:"我说,你都写了三张纸了,还没写完吗?"博士扬扬自得地说:"快了快了,马上就写到驴字了!"

原来,这个博士写了三大张纸,别说买卖驴子这件事还没提到,就连一个驴字都还没写,整整三张纸,写的全是废话。

卖驴的人十分不解,问道:"凭据上写某年某月某日,我卖给你一头驴,收了你多少钱,不就完了吗,怎么写了三张纸都还没写到驴?"围观的人听了,都哄笑起来,开玩笑道:"他是博士啊,如果不多写点废话,怎么知道他这么有才呢?"

博士听了,满脸通红,也顾不上跟人辩解,牵着驴,拿着凭据,灰溜溜地走掉了。

🌰 例句

🍃 会议讲稿要简明扼要,直奔主题,若是开篇千言,三纸无驴,只会浪费大家的时间。

🍃 写作文最常犯的错误就是过于啰唆,通篇三纸无驴,像流水账一样。

成语个性

也作"博士买驴"。博士现在指学位名,是学士、硕士、博士三级学位中最高的一级。在中国古代,博士最早为传授经学的学官名。另外,学识广博的人也可以称为博士。后来,人们也把精通某一门技艺的人称为博士,如茶馆、酒馆负责泡茶上酒的茶博士、酒博士。

空洞无物 kōng dòng wú wù

南朝宋·刘义庆《世说新语·排调》:"王丞相枕周伯仁膝,指其腹曰:'卿此中何所有?'答曰:'此中空洞无物,然容卿辈数百人。'"

释 里面空空的,什么都没有。多指言谈、文章空泛,没有实质的内容。

近义 空话连篇 空空如也

反义 一语破的(dì) 言之有物

东晋时期,有一个叫周顗(yǐ)的人,他性格开朗、不拘小节,说话幽默诙谐,为人宽宏大量,人们都夸赞他是一个友爱之人。由于周顗的名声和品德都非常好,后来在朝廷里做了大官。

然而,周顗的弟弟周嵩(sōng)却是一个心眼比针鼻儿还小的人。他知道哥哥做官的消息后,嫉妒得不得了。一天晚上,兄弟二人在一起喝酒。两个人你一杯我一杯,喝得醉醺醺(xūn)的。正喝着,周嵩又想起了哥哥在朝廷当官的事,于是小肚鸡肠的毛病又犯了,心想:"哼!凭什么他能当官,却没人搭理我!"周嵩越想越气,于是借着酒劲,抄起一根燃着的蜡烛就朝他哥哥的脸上扔去。周顗喝酒喝得正高兴,一抬眼看见有根蜡烛冲着他飞过来,吓得酒醒了一半,赶忙一低脑袋,蜡烛擦着头发就飞了过去。

周嵩见差点儿伤着哥哥,自己也吓呆了,低着头不敢看哥哥。周顗却并没有生气,一脸平静地说:"你啊你,拿蜡烛丢我,这想法真是不怎么样。"周顗的大度让周嵩羞愧万分,恨不得找条地缝钻进去。

还有一次,丞相王导到周顗家喝酒闲谈。两人聊得十分开心,酒也一杯杯下肚。喝着喝着,王导的酒劲上来了,竟然得意忘形起来,指着他喝得圆滚滚的肚子问道:"你这肚子里面都装了些什么东西啊?"

周顗也没生气,挺直身子拍了拍自己的肚皮,幽默地说:"这里嘛,空空洞洞的,什么也没有。不过像阁下这样的人,倒也能装得下好几百个呢。"王导一愣,忍不住哈哈大笑起来。

07 言语和口才　空洞·空洞无物

成语个性

"空洞无物"这个成语是用来形容文章、言谈等方面很空泛，一般不用来形容风景、数量上的空泛、空无。

🍄 例句

🍂 除了口吻、技巧和声调之外，八股文里是空洞无物的。（朱自清《经典常谈·文第十三》）

🍂 写作文时，要抒发真情实感，切记不要空洞无物。

对牛弹琴
duì niú tán qín

汉·牟(móu)融《理惑论》:"公明仪为牛弹清角之操,伏食如故,非牛不闻,不合其耳矣。"

释 给牛弹琴,但牛依然低头吃草,理都不理。比喻说话不看对象,对不讲道理的人讲道理,或是对外行说内行话。

近义 枉费唇舌

反义 有的(dì)放矢(shǐ)

公明仪是战国时期一位著名的音乐家,他弹琴的技艺非常高超,弹奏出的曲子优美动听,每次他一弹琴,行人都会不自觉地停下脚步,听得如醉如痴。

有一天,公明仪带着他的琴到郊外游玩。郊外的风景美极了:不远处是一片青山,山脚下有一条清澈的小河。河岸边,一头黄牛在悠闲地吃着青草。公明仪顿时觉得心情舒畅,心想:"我弹的曲子要是能把那头黄牛都打动了,就说明我的琴艺登峰造极了。"想到这里,公明仪兴致勃勃地摆好琴,调了调琴弦就给牛儿弹奏起来。

然而,一曲弹完,黄牛却一点儿反应也没有,依旧低着头,津津有味地吃着地上的青草。公明仪心想,看来这首曲子老牛不太喜欢,于是又弹起了另一首曲子。

黄牛仍是头也不抬，只管摇着尾巴慢慢悠悠地啃着青草。公明仪很不服气，他使出浑身解数，曲子弹了一首又一首，一直弹到手都酸了，眼巴巴地盼着黄牛能抬起头听听他弹琴，可牛儿就跟什么也没听见一样，连眼皮都不抬一下。公明仪生气了，心想："这牛怎么这么笨啊，这么优美的琴声都不懂得欣赏！"他赌气似的胡乱扫了几下琴弦，发出了"嗡嗡嗡"的声音，听着有些像苍蝇嗡嗡飞过。

让公明仪没想到的是，这时黄牛竟然抬起了头，还晃了晃毛茸茸的大脑袋，尾巴来回扫着，像是要赶走苍蝇。公明仪终于明白了："不是我弹琴的技术不好，而是我弹琴根本没分清楚对象！给牛儿弹曲子，它根本就听不懂啊。"

于是公明仪叹了口气，收起琴，垂头丧气地回家去了。

例句

说起天地二字，只当是耳边风；说到关帝、城隍、直山圣母，都是当对牛弹琴的一般。（明·西周生《醒世姻缘传》）

你对一个没有素质的人讲公共道德，那不是对牛弹琴吗？

成语个性

有些成语在流传过程中，在其原有的含义上又会生出新的含义，甚至有时其最初的含义都变得不常使用了。所以有些成语看似使用不恰当，实际上可能是多义的，换一个含义理解就通顺了。比如"对牛弹琴"这个成语，本义是指人（琴师）说话做事不看对象（牛），讽刺的是"弹琴的人"。后来逐渐生出新的含义，即对愚蠢的人讲道理，讲了也没用。这时，这个成语的讽刺对象就变成"牛"了。

言过其实
yán guò qí shí

汉·应劭(shào)《风俗通义·正失·孝文帝》：「凡此十余事，皆俗人所妄传，言过其实。」

释 实：实际。说的话浮夸而不切实际，超过了实际情况。

近义 过甚其词 夸大其词

反义 言必有据 恰如其分

马谡(sù)是三国时期蜀国的一名将领。马谡聪明好学，平时喜欢和人谈论军事，分析事情时总能说到点子上。丞相诸葛亮觉得他很有才能，非常器重他。但是蜀主刘备却觉得马谡这个人太浮夸，说话办事都不靠谱。

刘备临死前，把治理国家和辅佐幼主刘禅(shàn)的重任都托付给了诸葛亮，并告诫他说："马谡这个人，嘴上功夫超过了他的办事能力，丞相以后绝对不可以重用他。切记！切记！"

刘备死后，诸葛亮为了实现统一大业，率领十万大军北伐魏国。蜀国有一个地方叫街亭，正好和魏国交界。街亭的地理位置非常重要，如果丢失就相当于打开了蜀国的门户，所以诸葛亮很发愁，到底把街亭交给谁来镇守比较稳妥。这时，马谡站出来说："丞相，让我去守街亭吧。"诸葛亮一愣，摇头说道："不行，街亭一旦丢失，整个北伐的计划就全完了。我还是找别人吧。"一听这话，马谡顿时就不高兴了。他皱着眉头不服气地说："我从小就熟读兵书，怎么会连这小小的街亭都守不住？我现在就立军令状，要是丢了街亭，丞相你就斩了我！"诸葛亮见马谡如此坚持，只好同意。

马谡率军来到街亭后，自大的毛病又犯了。他根本不根据实际情况思考该如何排兵布阵，而是盲目地按照兵法上说的，把军队驻扎在了街亭的山顶上。魏军的主帅司马懿（yì）知道后，忍不住笑了起来："蜀军带兵的将领肯定不会打仗，街亭这么重要，竟然胡乱驻防！"第二天，司马懿亲自率领大军进攻街亭，把马谡的军队团团围住，还断了山上的水源，使蜀军军心不稳。到了半夜，司马懿下令放火烧山，蜀军大乱，纷纷往山下逃跑。马谡拼尽全力，从司马懿手中逃了出来，他的军队却被魏军杀得丢盔弃甲、溃不成军。

马谡逃回蜀军军营后，诸葛亮下令把他押出去杀掉了。事后，诸葛亮越想越伤心，禁不住号啕大哭起来。左右随从问道："丞相难道是因为杀了马谡伤心了吗？"诸葛亮的眼泪止不住地往下掉："我是想起先帝曾经叮嘱我的话啊！先帝说过，马谡是个言过其实的人，不能够重用。是我没有听先帝的话，才有今天啊！"将士们听了，也都忍不住哭了起来。

诸葛亮的北伐大业就这样失败了。

例句

- 我不能不将他们那旗人的历史对你讲明，你好知道我不是言过其实，你好知道他们各人要摆各人的架子。（清·吴趼人《二十年目睹之怪现状》）
- 我们平常说话切记不要言过其实，否则别人会觉得你这个人就会说大话，不靠谱。

成语个性

这个故事出自明代罗贯中的《三国演义》。"言过其实"和"言行不符"差别很大。"言过其实"指的是人说的话超过其实际的本领，有种只会说大话却不擅长做事情的意思。而"言行不符"则是指人的言论和行为相违背。

信口雌黄

晋·孙盛《晋阳秋》："王衍，字夷甫，能言，于意有不安者，辄更易之，时号口中雌黄。"

释 信口：随口。雌黄：一种黄色矿物，古代常用来涂改文字。随口更正不恰当的话。比喻不顾事实，随口乱说或妄加评论。

近义 信口开河 胡说八道 **反义** 字斟句酌 谨言慎行

晋朝时期，社会上流行着这样一种风气——名门士族们常常围坐在一起，或是高谈阔论老庄哲学，或是侃侃而谈周易玄学，人们称这为"清谈"。

王衍是当时很有名的清谈家，他从小就思维敏捷、口齿伶俐。有一次，小王衍去大文学家山涛家做客，大家都被他文雅的举止和善辩的口才所折服，纷纷夸奖他说："这孩子真是个天才！"山涛看着小王衍，却笑而不语。后来，山涛跟朋友感叹道："这孩子虽然是个天才，但以后耽误天下和百姓的，就是这种只知道耍嘴皮子的人啊！"

长大后，王衍在朝廷供职。虽然当了官，可他整天正事不干，经常和人凑在一起没完没了地清谈。王衍喜欢手里拿一个拂尘，摆出一副高深莫测的样子，满嘴讲的都是虚无缥缈的怪话。他讲的东西经常前后矛盾、漏洞百出。别人质疑他或是指出他的错误时，他也满不在乎，随口就说："哦，那就改过来呗。"日子久了，人们都说王衍这个人说话就像可以用雌黄涂掉错字似的，经常改变。

王衍为人也像他说话一样，浮夸、不实在。他为了仕途高升，把女儿嫁给了当朝太子司马遹（yù）。后来司马遹被人陷害入狱，王衍生怕牵连到自己，又赶紧上书要求解除婚姻。

王衍虽然身为国家重臣，但他既不关心国家兴亡，也不关心百姓疾苦。当时，天下局势越来越混乱，西晋眼看就要被北方的匈奴灭亡了，王衍贪生怕死，推掉领兵打仗的重任。后来，西晋被匈奴攻破，王衍为了活命，竟然恬不知耻地对俘虏他的敌人说："哎呀！国家灭亡的责任也不在我身上啊，我一向是不干预朝政的。"匈奴将领石勒（lè）见他这么无耻，干脆把他扔在瓦砾堆里活埋了。

信口雌黄

例句

🍄 哼，你这信口雌黄的无赖！你才是到处受贿，专门卖国的奸猾小人！（郭沫若《屈原》）

🍄 我们要有判断是非的能力，不要轻易听信别人胡说八道、信口雌黄。

成语个性

"雌黄"是一种黄颜色的矿物，可用来做成颜料。古代的纸张为了防止虫蛀，会用黄檗（bò）汁浸泡，经过这样处理的纸呈黄色，写字时一旦写错，可以用雌黄把错字涂掉后重写，就像现在用白色的涂改液涂掉错字一样。后来，"雌黄"就引申为评论和修改别人的文章。另一个成语"妄下雌黄"，和信口雌黄意义相近。

痴人说梦
chī rén shuō mèng

宋·释惠洪《冷斋夜话》："此正所谓对痴人说梦耳。"

释 痴人：愚蠢的人。原指对蠢人说梦话，蠢人会当真。后用来指愚蠢的人说完全不可靠或根本不可能实现的荒唐话。

近义 痴心妄想 白日做梦　　**反义** 实事求是 量力而行

唐朝时有一个和尚，叫僧伽（qié），来自西域。唐高宗时期，僧伽游历到了东土大唐。

有一次，僧伽来到江淮一带。这儿的老百姓听说来了个西域人，好奇得很，纷纷放下手中的活跑来看他。几个小孩子跟他打招呼，他也不说话，只冲着孩子们点头微笑。

有人问他："你姓何？"

僧伽说："姓何。"

人们又问："你何国人？"

僧伽微笑着说："何国人。"

这下把周围的人们都给弄愣了，心想：这位大师怎么老是学人说话啊？

几十年后的唐玄宗时期，大书法家李邕（yōng）给这位高僧写碑文时，直接写道：大师姓何，何国人。

后来，宋朝的惠洪和尚在写书时，把这个故事写了进去。写完之后禁不住笑起来，又在旁边加了一句批注："此正所谓对痴人说梦耳！"意思是说：跟笨蛋说梦话，这笨蛋竟然还相信了！

07 言语和口才 / 荒谬·痴人说梦

成语个性

"痴人说梦"原本写作"对痴人说梦",是指明白人对着痴人说梦话,痴人会信以为真。在成语的流传过程中,由于人们更习惯使用四个字的成语,渐渐地"对"字就没有了,变成了"痴人说梦",意思也完全变了,用来形容痴人愚蠢不清醒,老是说一些不可能实现的梦话。

其实,僧伽正是来自西域一个叫何国的小国,僧人以国为姓,于是自称姓何。

这么说来,痴人反倒是记下这个小故事的惠洪和尚了。

例句

🌰 子牙笑曰:"邓将军,你这篇言词,真如痴人说梦。"(明·许仲琳《封神演义》)

🌰 有的同学上课时不好好听讲,课后也不复习功课,却说考试时肯定能考出好成绩,这不就是痴人说梦吗!

出言不逊 chū yán bú xùn

晋·陈寿《三国志·魏书·张郃传》：
"郃快军败，出言不逊。"

释 逊：谦虚，有礼貌。形容人说话傲慢无礼。

近义 恶语伤人　口出狂言

反义 平易近人　彬彬有礼

官渡之战是三国时期很经典的以弱胜强的战役。袁绍的十万大军竟然被曹操的两万军队杀得溃不成军，其中最重要的原因就是袁绍心胸狭窄，轻信小人谗言。

起先，曹操与袁绍在官渡这个地方僵持了几个月都没分出胜负。后来，袁绍手下一个叫许攸（yōu）的谋士因为受到小人排挤，投奔了曹操。许攸给曹操出主意说："袁军的粮食都存放在乌巢，而且守兵很少，您可以趁夜偷袭乌巢，放火烧了粮仓，袁绍的军队自然会不攻自破。"曹操听了许攸的建议，亲自率领大军偷袭乌巢。

袁绍知道消息后，惊慌失措，连忙把手下叫来商量办法。一个叫张郃（hé）的将领说："曹操的军队兵强马壮，我们得赶紧派重兵去救援乌巢，不然粮仓被烧，军队就支撑不住了！"

袁绍手下有个叫郭图的谋士，心眼儿很小，生怕张郃的建议被袁绍采纳，反对说："张将军的看法不对。曹操既然带大军去打乌巢，那么曹军的大本营肯定没有多少士兵，我们这个时候派兵进攻，曹操就不得不回来救援，乌巢就安全了。"张郃着急了，大声说道："曹操那么聪明的人，他会想不到这点吗？他肯定做好了防御等我们去打他的大本营！到时候大本营没打下来，乌巢又失守，这仗还怎么打！"

袁绍也是一个心胸狭窄的人，听了张郃这话，心里很不高兴，于是没听张郃的，只派了很少的兵马去救援乌巢，而让张郃带重兵去攻打曹军的大本营。

果然，曹操早有防备，不但打败了张郃，还攻占了乌巢，一把火把粮仓全给烧了。袁绍的军队一败涂地。郭图十分惭愧，但又不肯承认错误，就恶人先告状，对袁绍说："唉，张郃这个人太傲慢了，出言不逊，连主公您都不放在眼里。这次我们打了败仗，就属他最得意。我看呐，张郃肯定早就想投降曹操，所以才故意输的。"袁绍打了败仗本来就在气头上，一听这话，不分青红皂白就下令要把张郃抓起来杀掉。张郃得知袁绍要杀他，很是心灰意冷，干脆投奔曹操去了。

🍄 例句

🌙 八岁纵笔成文，本郡举他神童，起送至京。因出言不逊，冲突了试官，打落下去。（明·冯梦龙《喻世明言》）

🌙 小天为人高傲，经常对人出言不逊，同学们都不愿和他做朋友。

成语个性

也作"出口不逊"。"出言不逊"的"逊"是谦虚、谦逊的意思，不要误解成"逊色"，将整个成语误解成"讲出的话一点儿也不逊色"。

文过饰非

wén guò shì fēi

春秋·孔子《论语·子张》："小人之过也，必文。"战国·庄周《庄子·盗跖》："辩足以饰非。"

释 文、饰：掩饰，遮掩。过、非：过错，过失。指用漂亮的言辞来掩饰自己的过错。

近义 拒谏饰非 讳疾忌医　**反义** 闻过则喜 知过必改

春秋时期，鲁国有一个叫柳下惠的人，他品德高尚，为人正直善良，孔子和他是很要好的朋友。

有一次，柳下惠和孔子说起他的弟弟柳下跖（zhí）。柳下惠长叹了一口气说："唉！我这个弟弟，倒也是个有能力的人，可就是不学好，当了贼人不说，还拉帮结伙跑到山上做起了山大王，真是可惜了！"原来，柳下惠的弟弟柳下跖是一个江洋大盗，手底下有几千人，盘踞在山头上，平日里烧杀抢夺，无恶不作。当地的百姓们对柳下跖又恨又怕，都愤恨地称他为"盗跖"。

孔子一听，忍不住训起柳下惠来："做父亲的教育好儿子，当兄长的教育好弟弟，这都是应尽的责任！您是一个有才能有品德的人，而您的弟弟却成了祸害四方的大盗，我真替您感到羞耻。我要去说服他，让他改邪归正。"

柳下惠淡淡地说："您说得在理。不过，弟弟不肯接受兄长的教育，我想就算是您也没法说服他。而且，我这弟弟特别固执，即使事情做得不对，也会用巧妙的言辞掩饰过去。他还是个驴脾气，谁要是不顺着他，立马就开骂，您老还是别去了。"

孔子没有听柳下惠的，带着颜回、子贡两个弟子就去山头找盗跖了。到了山下，孔子下了车，对守门的小卒施了一礼说："鲁国人孔丘，特来拜见柳将军，还请转达。"小卒进去一说，盗跖顿时大怒，瞪圆了眼睛说："鲁国的那个伪君子孔丘？不见！让他赶紧走！"孔子说自己是他哥哥的朋友，盗跖这才让他进来。

孔子见到盗跖后，便劝他放下武器，休养士卒，祭祀祖先，说这才是圣人贤士应该做的事。不想盗跖不但不听，反倒指着孔子的鼻子开始骂起来，从黄帝到商汤王、周武王，从比干、伍子胥到孔子和他的弟子，从古到今被人们称道的帝王、忠臣、贤

07 言语和口才 / 掩饰·文过饰非

士被他通通骂了个遍。末了，盗跖还加了一句："赶紧走！再让我看见就把你的心肝挖出来下酒！"孔子和弟子们吓得都快站不稳了，跌跌撞撞地跑出来驾着马车离开了。

回到鲁国，柳下惠问他："您这次去见盗跖收获如何啊？"孔子摇了摇头说："别提了！我这可真是没病给自己扎针，自找罪受；没事去给老虎拔胡子，险些命丧虎口啊！"

例句

其实错了就老实自己承认，倒是精神安泰的事情，文过饰非是最苦痛的勾当。（邹韬奋《论文、杂感、随笔·硬吞香蕉皮》）

做错了事情就要勇于承认，虚心接受批评，认真改正，不要文过饰非。

成语个性

"文过饰非"由《论语·子张》中"小人之过也，必文"和《庄子·盗跖》中的"辩足以饰非"两句话概括而成。

大声疾呼
dà shēng jí hū

唐·韩愈《后十九日复上宰相书》："将有介于其侧者,虽其所憎怨,苟不至乎欲其死者,则将大其声疾呼,而望其仁之也。"

释 疾:急切。大声而急切地呼喊。表示呼吁别人的援助,或是要引起人们的注意或警觉。

近义 登高一呼　振臂一呼

反义 噤若寒蝉　默不作声

07 言语和口才 号召煽动·大声疾呼

韩愈是唐代著名的文学家、思想家，和王安石、柳宗元、苏轼、欧阳修等唐宋两代的七位大文豪并称为"唐宋八大家"。

年轻时的韩愈命运多舛（chuǎn）。他从小就没了父母，靠兄嫂抚养，哥哥病逝后，年幼的韩愈就一直跟着大嫂生活，两个人相依为命，日子过得十分清贫。尽管住在茅草屋里，吃的是粗茶淡饭，穿的也只是粗布麻衣，但是韩愈从小就有远大抱负，为了出人头地每天都刻苦学习，经常读书到后半夜才睡。

后来，韩愈参加了科举考试，却屡考屡败，直到第四次才考中了进士。韩愈满心欢喜地盼着能在朝廷供职，没想到，整整等了三年还是没有消息。

怀才不遇的失落感让韩愈的心情很糟糕，每天靠着读书写字打发日子。这天，韩愈突然想到：我干脆给朝廷写信推荐我自己吧！于是他给当朝宰相赵憬（jǐng）写了封信，希望能得到一个施展才能的机会。信送出去之后，一连等了十九天也不见回信，韩愈急不可耐地又写了一封，信里诚恳又殷切地写道："当一个人遭受水灾或火灾，需要人帮助的时候，并不会因为父亲兄弟对他慈爱友好而呼喊他们，因为他们都不在眼前。如果近旁有人，即便是平时和自己有积怨的人，只要那人不至于希望自己死，他也会向那人大声急切地呼救，希望能引发那人的仁慈恻隐之心。我现在的处境正和这个人相似——犹如处在水火之中，也是迫切希望别人能施以援手。所以我大声急切地呼喊，就是希望您能帮助我啊！"

就这样，韩愈用恳切的言辞、生动的比喻，前前后后给赵憬写了三封信。后来经人推荐，韩愈终于在朝廷做了官，实现了自己多年的愿望。

例句

● 日积月累，以几于成，尤非大声疾呼，悬一榜、下一令之所能胜也。（清·王夫之《宋论·高宗》）

● 交警部门大声疾呼，千万不能酒后驾车，可有些人还是知法犯法，拿自己和他人的生命当儿戏。

成语个性

注意不要将"大声疾呼"错写成"大声急呼"。"唐宋八大家"是唐宋时期八位散文大家的合称，即唐代的韩愈、柳宗元，宋代的苏洵（xún）、苏轼、苏辙、王安石、曾巩、欧阳修。其中，韩愈和柳宗元并称"韩柳"，苏洵、苏轼、苏辙合称"三苏"。三苏是父子兄弟的关系（苏洵是苏轼和苏辙的父亲），故又有"一门三学士"的美誉。

绝口不道
jué kǒu bú dào

汉·班固《汉书·丙吉传》:"吉为人深厚,不伐善。自曾孙遭遇,吉绝口不道前恩,故朝廷莫能明其功也。"

释 绝口:闭口。道:说。指闭口不谈,保守秘密。

近义 只字不提 缄口不言 守口如瓶　　**反义** 多嘴多舌 喋喋不休 滔滔不绝

汉武帝时期,有个叫丙吉的人担任廷尉监,他性格善良、为人忠厚,朝廷中许多大臣都与他交好。

汉武帝晚年时,朝廷与民间都时兴巫术。汉武帝本人也十分迷信,经常疑神疑鬼,以为有人要害他。有一天,汉武帝睡觉时,梦见几千个人偶拿着木棍打他。汉武帝一下子吓醒了,浑身直冒冷汗,总觉得身边有人要下"蛊(gǔ)毒"害他。

有一个叫江充的奸臣,平时跟太子刘据有矛盾,早就存了害死太子的念头,于是将一个木头人偶偷偷埋在太子的宫殿前,然后向汉武帝进谗言说:"皇上,这是太子故意下蛊想咒您死,好夺您的皇位啊!"汉武帝也是年老昏聩,竟然听信了江充的话,下令搜查太子宫殿,果然发现了伪造的证据。汉武帝勃然大怒,下旨抓捕太子。

太子知道自己是跳进黄河也洗不清了,无奈之下起兵自卫,这下更坐实了太子要谋反的罪行。汉武帝派兵镇压,两方军马在长安城打得天昏地暗,死伤数万。最后太子兵败逃亡被抓,上吊自尽了,太子的儿子等人全都被杀光,只剩下一个还在襁褓(qiǎng bǎo)中的孙儿刘询被送进了监狱。

丙吉当时奉命负责处理这次巫蛊之案,他知道太子刘据是被人陷害的,也很同情刘询,于是冒死保护他。丙吉在监狱里找了两个心地善良的女囚抚养刘询。年幼的刘询体弱多病,丙吉多次自己出钱给刘询治病,还把自己俸禄里的粮食、肉食省下来给刘询吃,后来又想方设法把刘询救了出来,寄养在皇宫外一个宫女家里。

汉武帝去世后,他的小儿子继位,也就是汉昭帝。可是汉昭帝还没留下后代就死了,朝廷立了武帝的一个孙子当皇帝。这个皇帝的品行太过恶劣,没过多久就被废掉了。这时丙吉上书说,当年的太子刘据还留下了一个孙子寄养在民间,现在已经

07 言语和口才 · 沉默 · 绝口不道

十七八岁了，知书达礼，可以立为皇帝。

于是，刘询当上了皇帝，他就是汉宣帝。但丙吉对当年冒死保护，并找人抚养刘询的事情绝口不提，朝廷中很多人都不知道丙吉有恩于皇帝。直到后来，那个宫女仗着自己当年抚养过刘询，上书向皇上邀功，刘询这才知道丙吉对自己的恩情。刘询感慨万分地说："当年要不是您，我也许就没命了，更别提当皇帝了！您真是一位忠厚善良的贤人啊！"于是封丙吉为博阳侯，让他做了丞相。

例句

- 无如当放逐之余，绝口不道。（清·无名氏《杜诗言志》）
- 这位老爷爷以前是红军，还参加过抗日战争，但他绝口不道，人们直到他去世后才知道。

成语个性

也作"绝口不谈""绝口不提"。

噤若寒蝉

jìn ruò hán chán

南朝宋·范晔《后汉书·杜密传》:"刘胜位为大夫,见礼上宾,而知善不荐,闻恶无言,隐情惜己,自同寒蝉,此罪人也。"

释 噤:闭口不作声。寒蝉:深秋的知了。像深秋的知了一样不声不响。比喻人因为害怕或有所顾虑而不敢说话。

近义 缄口结舌 三缄其口 避而不谈

反义 侃侃而谈 畅所欲言 直抒己见

东汉末年,有一个叫杜密的人,他性格朴实,为人稳重,从小就学习刻苦,志向远大。汉顺帝时,他先后在代郡、泰山等地担任太守,为官期间清正廉洁、铁面无私,而且非常爱惜人才,只要是有才华、能为国为民做贡献的人,他都会提拔任用。比如,郑玄就是杜密在巡查时认识的,被杜密推荐到太学深造,后来成为著名的经学家。

在东汉末年,宦官权力很大,他们拉帮结伙,打压官员,陷害忠良,简直无法无天。杜密当太守期间,执法严明,不管是达官贵人还是宦官党羽,只要犯了法,他都依法处置,一视同仁。但这样做得罪了很多人,于是杜密被罢了官,回老家种田去了。

尽管被罢了官,杜密仍然关心着国家大事。他经常向太守王昱举荐人才,批评和揭发坏人,搞得王昱不胜其烦。当时,一个叫刘胜的同乡也辞官回了老家。这个刘胜是个不喜欢多管闲事的人,辞职后就不再过问政事,也不接待来访的客人。杜密很瞧不起他。

07 言语和口才 沉默·噤若寒蝉

有一次，王昱跟杜密聊天时，故意对他说："刘胜是个很清高的人，我很佩服他。"言下之意是：你杜密别这么爱管闲事，我很烦啊。杜密当然知道王昱是什么意思，便不服气地对王昱说："刘胜这人虽然当过大官，但他现在只求自己平安无事，既不愿举荐有才能的贤人，也不敢批评揭露做坏事的恶人，就像深秋的知了，因为怕冷而一声不吱，这是对国家不负责任，这样的人有什么可称赞的？"接着，杜密又说："我向你推荐有才能的贤人，向你揭发违法的坏人，这不也是在为国家尽一点力吗？"

王昱听了这番话，从此开始敬佩、厚待杜密了。

例句

明明今日好好地出席，提出反对条件的，转眼就掉过头去，噤若寒蝉。（鲁迅《两地书》）

校园霸凌事件时有发生，可当老师来调查情况时，很多知情的同学都噤若寒蝉。

成语个性

"蝉"俗称知了。盛夏时，蝉会发出响亮的鸣叫声。成年的蝉寿命一般只有两三个月，所以初秋过后很难再听到蝉鸣声。古人可能不了解这一点，以为蝉是因为天气寒冷而不再鸣叫，于是有了这个成语。"噤若寒蝉"与"缄默不言"都形容不言语，不做声。但噤若寒蝉的原因是有顾虑、害怕，所以不说话，含贬义。而缄默不言只是形容沉默寡言，为中性成语。

一 nuò 诺 qiān 千 jīn 金

汉·司马迁《史记·季布栾(luán)布列传》：「得黄金百(斤)，不如得季布一诺。」

释 诺：诺言。许下的诺言价值千金。形容人信守承诺，信用极高。

近义 一言九鼎 言出必行 言而有信　　**反义** 自食其言 食言而肥 言而无信

　　季布是秦朝末年楚地的一位侠客，性格豪爽耿直，乐于助人，而且非常讲信用，只要是他答应了别人的事情，不管多困难也要办到。因此，季布很受大家崇敬，在楚地名声很大。

秦朝灭亡后，项羽和刘邦为了争夺天下，开始了楚汉之争。季布是项羽的部下，他很会带兵，刘邦的军队在季布手里吃了好几次败仗。后来项羽兵败自杀，刘邦建立了西汉王朝，当上了皇帝。有一次，刘邦不知怎么突然想起自己好几次败给季布的往事，顿时气愤不已，就下令悬赏捉拿季布，还说："谁要是敢窝藏季布，一同治罪。"无奈之下，季布只能匆忙逃跑。

这天，季布一路上又累又渴，到一户人家讨水喝。这家主人姓朱名家，在当地也是一位很有名的侠客。朱家认出了季布，便对他说："我向来敬佩先生您的为人，也很同情您现在的处境。不必担心，我去帮您说情。"于是朱家去了洛阳，找刘邦的老朋友夏侯婴帮忙。夏侯婴也很敬佩季布，在他的劝说下，刘邦撤销了对季布的通缉，还不计前嫌封他做了官。

季布有一个老乡叫曹丘生，他能言善辩，还喜欢和有权势的人来往。曹丘生听说季布做官的消息后，就写信给季布，希望和他交朋友。可是季布很看不起曹丘生，没有理会。没想到，曹丘生竟然亲自去季布家里拜访他。季布碍着同乡的情分，不好意思下逐客令，于是皱着眉头看着曹丘生，一句话也不说。曹丘生像是没看见季布厌恶的表情似的，深深作了一揖（yī），很诚恳地说："我和您是老乡，咱们楚地的人都知道'得千两黄金都不如季布许下的一个诺言'这句话，这是我替您宣扬的啊，可您为什么不想见我呢？"

季布听了曹丘生的这番话，心想："他说的倒是挺对的。多一个朋友总归是好的。"于是把曹丘生当作客人，好吃好喝地招待了很长一段时间，在他临走时还送了许多礼物。曹丘生也很感谢季布，到处宣扬他的慷慨侠义，季布的名声也就越来越大了。

例句

🍩 立谈中，死生同，一诺千金重。（宋·贺铸《东山词·六州歌头》）

🍩 你放心，小明说话一诺千金，答应了帮同学补习功课，就一定会做到。

成语个性

也作"千金一诺""季布一诺"。"一诺千金"和"一字千金"同样是用"千金"来衡量价值，"一诺千金"是形容人信守承诺，非常讲信用；"一字千金"是形容文章作品价值极高，或比喻文章措辞精妙，结构严谨。

一言既出，驷马难追

春秋·孔子《论语·颜渊》："夫子之说君子也，驷不及舌。"

释 驷马：由四匹马拉的车。一句话说出了口，就是四匹马拉的车也很难追上。形容人说话算话，绝不食言。也形容说出的话难以收回，说话要慎重。

近义 一诺千金 言而有信 言出必行　　**反义** 食言而肥 言而无信 自食其言

子贡是孔子的得意门生，他十七岁就拜孔子为师，读书刻苦，治学严谨，深得孔子的真传。后来，人们把他和颜回、冉有、子路等另外九位孔子门下最优秀的学生合称为"孔门十哲"。

子贡如此优秀，为人却很谦虚。有一次，孔子和子贡闲谈时问他："你和颜回相比，谁更优秀？"子贡诚恳地回答说："老师，我哪敢跟颜回比啊！颜回学问渊博，天下的道理他听了一个就能领悟十个；而我资质平庸，听了一个只能领悟一两个罢了。"孔子听了这话很高兴，禁不住夸奖子贡说："做人，难就难在有自知之明。你能认清自己，并有勇气面对自己的不足，老师很欣赏你。"

言语和口才 / 守信·一言既出，驷马难追

子贡还是一个能言善辩的人。他在卫国当宰相时，有一次和卫国大夫棘（jí）子成闲谈。在聊到什么样的人是真正的君子时，子贡说："真正的君子应该表里如一，品德和文采兼备。"棘子成听了很不以为然，反问道："我觉得品德端正就可以称作君子了，还要有文采干什么？"子贡听后长叹一口气："唉！您这样谈论君子，可就大错特错了！您这一句话说出来，就是用四匹马拉的车也追不回！我觉得品德和才能是一样重要的。我给您讲个故事吧。"于是子贡说了起来：

"在一座森林里，生活着一只老虎。有一天，老虎突然得了种怪病，毛皮上漂亮的花纹开始脱落，到最后浑身光秃秃的，难看极了。老虎很苦恼，心想：'唉，没有了花纹，我老虎跟普通走兽有什么区别！简直太可怕了！'老虎越想越郁闷，觉得从此以后别的动物就不会把它当成百兽之王了。后来，这老虎竟然病急乱投医，找了一张山羊皮披在自己身上。结果，森林里的动物们非但没认出它来，反而纷纷嘲笑道：'这是个什么怪物啊？既不像老虎也不像山羊，不伦不类，简直太难看了！'老虎听了这话，又羞又气，转身逃跑了。"

故事讲完，子贡对棘子成说："这虎皮上的花纹，就好比君子的文采。君子如果没有文采，就像虎皮没有了花纹一样，而没有了花纹的虎皮，和普通的山羊皮也就没什么区别了。"

棘子成心悦诚服地说："嗯，您说得有道理。真正的君子确实应该表里如一、品德和文采兼备啊！"

例句

● 自古道，一言既出，驷马难追。他既有言在前，如今怪不得我了。（明·冯梦龙《醒世恒言》）

● 男子汉大丈夫一言既出，驷马难追，说出去的话绝不会不算数。

成语个性

也作"君子一言，驷马难追"。"驷马难追"单独来用也是一个成语，形容事情已经成为既定的事实，不可挽回。

食言而肥
shí yán ér féi

春秋·左丘明《左传·哀公二十五年》："是食言多矣，能无肥乎？"

释 食言：把话吃下去，比喻说话不算数。形容人言而无信，只图对自己有利。

近义 自食其言　言而无信　出尔反尔　　**反义** 一诺千金　言而有信　言出必行

　　春秋末年，鲁国的公室日益衰弱，国家实权渐渐落到了季康子、孟武伯和叔孙舒这三个贵族手中。这三人把持朝政，肆无忌惮，连国君鲁哀公都不怎么放在眼里。鲁哀公却拿他们没什么办法。

　　有一次，鲁哀公从越国出访回来，孟武伯和季康子带着一帮公卿大臣们出城迎接。大臣郭重负责给鲁哀公驾马车，他早就知道这两个人是言而无信的伪君子，就提醒鲁哀公说："主公，这两个人经常在背后说您的坏话，您可要注意啊。"

　　鲁哀公设宴款待他们。孟武伯和季康子平时就挺瞧不起郭重，想在宴席上趁机羞辱他一番，好让鲁哀公颜面扫地。于是，孟武伯假惺惺地过来向郭重敬酒，并趁机说道："哎哟，郭先生，您这是吃了什么东西，长得这么肥胖啊？"没等郭重反应过来，季康子接着话头，阴阳怪气地说："孟先生，你说这话得罚你酒！郭先生跟着主公一路辛苦奔波、车马劳顿，你却说郭先生长得肥胖，真不像话。"

　　郭重听完两人的话，脸涨得通红。鲁哀公也看出来了，这两人明面上是羞辱郭重，实际上是为了让他没面子，于是淡淡地说道："可不是嘛，郭重假话吃多了，能不肥胖吗？"这话表面上是说郭重，其实是讽刺孟武伯和季康子言而无信，老是爱说假话，背后诋毁别人。

　　在宴会上当着各位大臣的面被国君讽刺，这下孟武伯和季康子的脸比郭重还红了。两个人自讨没趣，从此以后更加记恨鲁哀公了。

07 言语和口才·失信·食言而肥

成语个性

中国最早的词典《尔雅》认为，"言而不行，如食之消尽，后终不行，前言为伪，故通称伪言为食言。"意思是食物一吃下肚就消化没了，言而无信这种行为也一样，说过了之后就没有后文了，也不会去兑现承诺，所以管说话不算话叫"食言"。

例句

🍡 不以食言而肥，不因苦吟而瘦，试以数语为记，请览而教正之如何？（明·朱开先《水风卧吟楼记》）

🍡 他是一个食言而肥的人，承诺的话从来就没有兑现的时候。

出尔反尔

战国·孟轲《孟子·梁惠王下》:"戒之,戒之!出乎尔者,反乎尔者也。"

释 尔:你。反:通假字,同返,返回。原意为你如何对待别人,别人就会怎样对待你。后指人言行前后矛盾,经常说话不算话。

近义 食言而肥 言而无信 反复无常　**反义** 言行一致 言而有信 说一不二

　　孟子是战国时期伟大的思想家、教育家,是儒家学派的代表人物之一。他继承并发扬了孔子的学说,人们尊称他为"亚圣"。

言语和口才／失信·出尔反尔

　　孟子从小家教就非常严格,孟母为了让小孟子有一个良好的学习环境,接连搬了三次家,最后把家安在了一所学堂附近。进出学堂的都是一些有教养、懂礼貌、有学问的人,小孟子聪明好学,在这样的环境下,长成了一个有学识、有抱负的人。

　　后来,孟子为了把儒家学说推行到天下,游走于各个国家。有一次,他回到了自己的家乡邹国。邹国临近鲁国,两国的关系不太好,经常打仗。而邹国比鲁国要弱小很多,打起仗来经常失败,每次都损失不少将士,国君邹穆公很是生气,却也无可奈何。这次邹穆公听说孟子回来了,连忙把他请了过来,发牢骚一样絮絮叨叨地说:"最近一次打仗,我手底下有三十多位官吏被鲁国杀了,可当时没有一个老百姓站出来救援,就那么眼看着官吏被杀。太可恨了!我真想把那些老百姓都杀掉,又怕人太多了杀不完。但是如果不杀他们,以后就更没有老百姓帮助当官的了。请问先生,这事该怎么办?"

　　孟子听完淡淡一笑,说道:"您还记得几年前邹国闹灾荒吗?那时候百姓吃不上饭,四处逃荒,很多人都饿死在了路边。而那些可恶的官吏却向您隐瞒了灾情,国库里堆满了粮食,宁可烂掉也不发放给这些穷苦百姓。"孟子又说:"孔子的弟子曾参说过,你怎样对待别人,别人也会怎样对待你。不就是这个道理吗?这些官吏平时欺压百姓,所以他们有难的时候,百姓自然不会关心他们的死活。"最后,孟子又谆谆(zhūn)告诫邹穆公:"您应该实行仁政,关心爱护您的百姓,百姓自然就会爱戴您了。"

　　邹穆公听后却很不以为然:"老百姓生来就得服从君主。我如果不对他们严苛一点,哪里还有君王的威严?"孟子一听这话,明白了邹穆公是一个昏庸的君主,便离开了邹国。

　　后来,邹国的国力越来越衰败,最终被楚国吞并了。

🌰 例句

● 倘若不肯,也只好由他,我们不能做出尔反尔的事。(清·李宝嘉《官场现形记》)
● 你当时已经答应了要帮他补习功课,现在却出尔反尔,这不是不讲信用吗?

成语个性

　　"出尔反尔"与"反复无常"都形容人爱变卦,但"出尔反尔"侧重于言辞上前后不一致,"反复无常"侧重于行为上变化频繁,没有定数。

口血未干
kǒu xuè wèi gān

春秋·左丘明《左传·襄公九年》:"与大国盟,口血未干而背之,可乎?"

释 口血:古代结盟时,将牲畜的血涂在嘴上表示诚信。结盟时嘴上涂的血还没干,指签订盟约不久。多形容签订盟约没多久就毁约。

近义 背信弃义 墨迹未干　　**反义** 一诺千金 言而有信 始终不渝

春秋末期,郑国国力衰败,加上地处晋国和楚国之间,两个国家都对郑国虎视眈眈,盘算着想吞并郑国。

有一年,晋国派大军气势汹汹地进攻郑国。郑国眼看就要灭亡,情急之下,国君郑简公派使者去向晋军求和,表示愿意向晋国臣服。晋军的元帅荀偃(xún yǎn)不同意讲和:"我们现在应该把郑国围困起来,楚国害怕我们吞并郑国,便会派兵前来救援。到时我们先打败楚军,郑国没有了依靠,就会彻底投降。"他认为这样做收获会比较大。

一个叫智武子的将领不同意荀偃的看法,他说:"我觉得我们可以与郑国讲和,然后撤军,楚国一定会趁机发兵攻打郑国。等他们打得两败俱伤时我们再出手,就很容易打败楚国和郑国了,一举两得。"大家觉得这个办法不错,可以保存实力,都同意了智武子的建议。

于是晋国答应与郑国讲和,举行和谈仪式。古人认为,在仪式上承诺了的事不可以轻易背弃,不然上天会怪罪。

郑国派出公子骓(fēi)参加仪式。这个公子骓可是个不简单的人物,嘴皮子特别厉害。他早就看穿了晋国的那点小心思,已经想好在仪式上该怎么应对了。

和谈仪式上,晋国的代表说:"今天,晋国和郑国讲和,但郑国必须听命于晋国,不然会受到上天的惩罚。"这时公子骓接过话头说:"我们郑国夹在晋、楚两个大国中间,这是上天的安排啊。所以从今往后我们就服从大国了,但如果大国对郑国不友好,想攻打我们,也会受到上天的惩罚。"接着,两国代表把血涂在嘴上,这和谈就

07 言语和口才 / 失信·口血未干

算是完成了。

　　讲和之后，晋军撤退了。楚国果然趁机来攻打郑国，郑国上下惊恐万分，这刚送走一位又来了一位！公子騑却说："不怕。我们再同楚国讲和，臣服他们就好了。"大臣子孔担心地说："我们刚刚才与晋国讲和，仪式那天涂在嘴上的血还没干，这就毁约了，老天爷会怪罪我们啊！"公子騑说："没事！结盟的时候我承诺的是'服从大国'，又没说是哪个大国，楚国不也是大国吗？况且那次结盟是被逼的，没有诚信可言，老天爷不会怪罪的！"

　　于是，郑国又派人与楚国讲和，表示愿意臣服。楚国这才退兵，郑国又得到了暂时的安宁。而晋国呢，眼巴巴地盼着郑、楚两国打起来，最后却落空了。

例句

- 口血未干，宋人背盟，寡人伐之。（明·冯梦龙《东周列国志》）
- 战国时期的合纵连横就是这样，经常商量好了停战，口血未干就撕毁盟约又争斗起来。

成语个性

　　中国古代的礼仪制度极其严格，分吉礼、凶礼、军礼、宾礼、嘉礼五种，合称"五礼"。其中，祭祀天地鬼神的礼节叫吉礼；吊唁丧事、哀悯灾难的礼节叫丧礼；有关军事、军队的礼节叫军礼；接待宾客、四方朝会的礼节叫宾礼；庆祝节日、婚嫁的礼节叫嘉礼。"歃(shà)血为盟"属于宾礼中的"盟礼"。会盟时要宰杀牛、马等牲畜，用牲畜的血书写盟书，然后会盟者蘸取牲畜血涂抹在嘴上对神明宣誓。古人相信神明会监督、约束会盟者，违约会受到神明的惩罚。宣誓之后，盟书就成为会盟者必须遵守的原则。

子虚乌有

zǐ xū wū yǒu

汉·司马相如《子虚赋》:"田罢,子虚过妊(通'托',夸耀)乌有先生,亡(通'无')是公在焉。"

释 子虚、乌有:是《子虚赋》中虚构的人物。指虚构的、不存在的人或事物。

近义 镜花水月 海市蜃(shèn)楼 空中楼阁

反义 千真万确 言之凿凿

司马相如是西汉著名的辞赋家,他和扬雄、班固、张衡并称为"汉赋四大家"。

相如原名叫司马长卿,后来因为仰慕战国时期的名相蔺相如,就把自己的名字改成了司马相如。司马相如年轻时就才华横溢,喜欢读书、练剑。后来,他在汉景帝手下当了个小官,但并未受到重用。

相如总觉得自己怀才不遇,经常闷闷不乐。后来有人对他说:"听说皇上的弟弟梁孝王修建了一座梁园,广招天下人才,你何不去那里看看呢?"于是,相如就去梁孝王那里当了一名宾客。在梁园,相如结交了很多志趣相投的文人,为自己的创作打下了坚实的基础。他写了一篇名为《子虚赋》的文章,文中以子虚、乌有先生和无是公三人的辩论为脉络,文辞非常精彩,人们争相传抄,可惜汉景帝并不赏识。

后来,汉景帝去世,喜好辞赋的汉武帝即位。有一次,汉武帝读书时读到了相如创作的《子虚赋》,很是欣赏,不禁感慨道:"这么好的文章,不知道是哪位古人所作，不能和这样的人生活在同一时代，真是遗憾啊！"

司马相如有个同乡叫杨得意，当时在汉武帝身边当"狗监"（负责管理皇帝猎犬的官）。杨得意对汉武帝说："启禀皇上，这篇文章并不是古人写的，而是我的老乡，一个叫司马相如的人写的。"汉武帝大吃一惊，连忙召见相如。相如对武帝说："陛下，这篇赋确实是我写的，但它只是描述了诸侯的游猎而已，算不得什么。让我再为陛下写一篇描述天子游猎的赋吧！"汉武帝听后十分高兴，便请他立即创作，于是相如写出了《上林赋》。

《上林赋》与《子虚赋》相衔接，以无是公反驳子虚、乌有先生的对话为脉络，描写了天子与大臣们在上林苑狩猎的场面，气势磅礴、结构恢宏、辞藻华丽，表现出西汉盛世王朝的繁荣景象。汉武帝看过后特别高兴，就封相如做了大官。

在这两篇赋中，相如塑造了三个人物："子虚"（虚构的先生）、"乌有先生"（没有这位先生）和"无是公"（没有这个人）。于是后人把"子虚"和"乌有"放到一起，来表示根本不存在的事物。

例句

借此机会，我要宣布，有种谣传，徐淑芳同志徐厂长在改革中犯了这样那样的错误，这完完全全是谣传，子虚乌有之事！（梁晓声《雪城》）

这部小说虽然描绘的是一个子虚乌有的幻想世界，但极其深刻地影射出真实的社会现状。

成语个性

赋，是我国古代的一种文体，介于诗和散文之间，类似于现在的散文诗。它讲求文采、韵律，兼具诗歌和散文的性质，侧重于写景并借景抒情。著名的赋作有曹植的《洛神赋》、杜牧的《阿房宫赋》、苏轼的《赤壁赋》等。

道听途说
dào tīng tú shuō

春秋·孔子《论语·阳货》：「子曰：「道听而涂（途）说，德之弃也。」」

释 道、途：道路上。路上听来的没有依据的话，不经求证又在路途中说给别人听。泛指毫无根据、未经证实的传闻。

近义 齐东野语　无稽之谈

反义 耳闻目睹　言之凿凿

春秋时期，齐国有个叫艾子的人，他学问渊博，门下有不少学生。

有一次，艾子从楚国办完事回到齐国，刚进城门，迎面碰见了邻居毛空。毛空是个不学无术的人，肚子里没什么学问，却经常和人吹牛说大话。毛空一见到艾子就把他拉过来，神神秘秘地说："我跟你说，有一户人家养的一只鸭子，一天就下了一百个鸭蛋呐！"

艾子觉得很奇怪，就问道："天底下哪会有这样的事情，一只鸭子一天能下一百个蛋？"毛空想都没想，随口就说："那可能是两只鸭子下了一百个蛋。"艾子说："这也不可能吧。"毛空挠了挠头："那，那大概是三只鸭子下的。"艾子还是不信，毛空就一次次增加着鸭子的数量。艾子实在忍不住了，便问毛空："你这鸭子数量一会儿一变，你把鸭蛋的数目说少点不行吗？"毛空满不在乎地说："我宁愿增加鸭子的数量，也绝不减少已经说出口的鸭蛋数目。"艾子知道他是在吹牛，笑了笑就要接着赶路了。

毛空见艾子不相信他说的话，又拉着他说起另外一件事："我跟你说，前不久，天上掉下来一大块肉，有三十丈长，十丈宽呐！"

艾子心想：这个人怎么就知道说大话啊。于是皱着眉头问："你说的这块肉掉在什么地方，你亲眼见到了吗？还有你说的一天下了一百个蛋的鸭子到底是谁家养的？"毛空吹牛正在兴头上，被艾子这么一问，支支吾吾地说："呃……我是在路上听别人说的。"

艾子被毛空气笑了，转身对他的学生们说："你们可不要像毛空这样，路上听来的事情，不经过求证，也不自己动脑筋想想可不可信，就在路上随便说给别人听啊！"

例句

🌰 小说家者流，盖出于稗官，街谈巷语、道听途说者之所造也。（汉·班固《汉书》）

🌰 我们判断一件事情的真假对错，应该有自己的主见和真实的根据，绝不能听信道听途说的传言。

成语个性

本故事出自宋代苏轼的《艾子杂说》。"捕风捉影"与"道听途说"都是贬义成语，都形容说话没有根据、不切实际，但"捕风捉影"的贬义程度更重，几乎是凭空想象或编造；"道听途说"的贬义程度轻一些，起码有"听"作为依据，只是并不可靠。

曾参杀人
zēng shēn shā rén

汉·刘向《战国策·秦策二》："顷之，一人又告之曰：'曾参杀人。'其母惧，投杼逾墙而走。"

释 本指谣言听多了就相信了，后来比喻流言可畏，或是被冤枉的灾祸。

近义 三人成虎 以讹传讹　　**反义** 耳闻目睹 毋（wú）庸置疑

战国时期，秦国兵强马壮、国力强盛，国君秦武王征战不断，一心想扩大秦国的领土。

有一次，秦武王问他的大臣甘茂："我想出兵攻打韩国的宜阳，你愿意担任军队的主帅吗？"甘茂想了想说："可以。不过我想作为使者先去一趟魏国，同他们结盟，一起攻打韩国。"

甘茂到了魏国，很快商定好了结盟的事。但有件事情让甘茂很担心——他害怕自己在外领兵打仗时，有小人趁机向秦武王说自己的坏话，延误战事。想来想去，甘茂想出了一个法子。刚进秦国地界，甘茂就跟手下说："你回去向大王报告，说魏国已经同意结盟。不过，咱还是别打韩国了吧。"

秦武王一听这话，赶紧亲自去迎接甘茂，问他道："你不是答应帮我去打宜阳吗？为什么现在又说不打了？"甘茂担忧地说："宜阳这个地方易守难攻，攻下来需要很长时间。我怕我还没取得胜利，朝廷里就有人说我坏话了。您如果听信了小人的谗言，那我可就没好果子吃喽。"秦武王长出了一口气，说："嗨！原来是这么回事啊。你放心好了，我不可能那么干的。"

甘茂说："不是我不相信大王，但这种事情实在是很难预料。我给大王您讲个故事吧。"于是甘茂说道：

"从前，孔子有个学生叫曾参，他和孔子一样也是一个很贤德的人。有一次，他的家乡有个和他同名同姓的人杀了人，于是就有人急匆匆地跑到曾参母亲那里去报信：'不好了！您儿子曾参杀人了！'曾参的母亲正在织布，听到这话毫不迟疑地摇头说：'不可能，我的儿子是不会杀人的。'没过多久，又有一个人跑过来说道：'不好了！曾参真的杀人了！'曾母也不理会，仍旧拿着梭子织着布。没过多久，又跑来一个人说：'大事不好了，您家曾参在外面杀人了！'接连好几个人说她的儿子杀了人，曾母心里害怕起来，慌得扔下手中的梭子，架起梯子翻墙逃跑了。"

　　故事讲完了，甘茂又说道："大王您想一下，曾参的母亲绝对是信任曾参的，而曾参又是一位贤德的人，明明不可能杀人，可仅仅三个人说他杀了人，曾母就相信了。而我，既不如曾参那样贤明，大王对我的信任又不如曾母对曾参那样，况且猜疑我的人肯定远不止三个。这种种因素加起来，我担心到时候大王会像曾母那样啊！"

　　秦武王听完甘茂的这番话，郑重地说："我懂你的意思了。你放心，我绝对不会轻信别人的话。"于是甘茂带兵出发去攻打宜阳了。后来，宜阳打了快半年还没攻下，朝廷里就开始有人在秦武王面前说甘茂的坏话。秦武王几次都差点儿听信小人的谗言，但他想起对甘茂的承诺，就坚定了信心让甘茂继续指挥作战。甘茂没有了后顾之忧，最终攻下了宜阳。

07 言语和口才 / 谣言·曾参杀人

例句

🍄 市有虎，而曾参杀人，谗者之效也。（唐·韩愈《释言》）

🍄 这家店铺的肉松饼明明用的是上好的肉松，却被人造谣说用的是棉花，给这家店铺造成了巨大的损失。这简直是曾参杀人呐！

成语个性

　　这个故事还出了一个成语叫"曾母投杼（zhù）"，指曾参的母亲连着三次听到儿子曾参"杀了人"的传闻，便信以为真，扔掉了杼（织布的梭子）就跑，也是指流言可畏的意思。

郢书燕说
yǐng shū yān shuō

战国·韩非《韩非子·外储说左上》:"郢人有遗相国书者,夜书,火不明,因谓持烛者曰'举烛'云,而过书'举烛'。'举烛'非书意也。燕相受书而说之,曰:'举烛者,尚明也。尚明也者,举贤而任之。'"

释 郢:春秋战国时楚国的都城。燕:春秋战国时的国名。比喻牵强附会,曲解原意,以讹传讹。

近义 穿凿附会 生拉硬拽 **反义** 确凿无疑 凿凿有据

古时候,楚国郢(yǐng)都有个人产生了一些对燕国治理的想法,决定给燕国的相国写封信,把自己的想法告诉他。写给相国的信当然不能大意,于是他在心里反复琢磨,用了整整一天才打好草稿。

天黑时分,书童点亮蜡烛,准备好笔墨竹简,静静地站在旁边等候吩咐。那个人端坐在桌子前,专心致志地写起来。正写在兴头上,忽然一阵风从窗户缝里吹进来,吹得烛焰摇摇晃晃,烛光忽明忽暗,看不清楚。那个人便随口对书童说:"举烛!"意思是让书童把蜡烛举高一点儿,好让他看清楚简上的字。他嘴里这样说着,笔下不知不觉把"举烛"两个字也写到了信中,但他自己没有察觉。

不久之后,信到了燕国的相国手中。相国读着信,看到"举烛"两个字,突然眼前一亮,激动地拍着手掌说:"哎呀!这个人是想借'举烛'两个字,告诉我只有

多多招揽有才学的人，才能把国家治理好啊！"

第二天天一亮，相国便去拜见燕国国君，把那个人的信按照自己理解的意思，眉飞色舞地说了一通。国君听完之后拍手叫好："妙啊！妙啊！这'举烛'二字真是点睛之笔，说出了治国理家的根本啊！"

后来，燕国国君便开始四处选拔人才，燕国的实力迅速发展起来。人们都夸赞燕国国君是一位治国的奇才，可他们不知道这里面功劳最大的是相国。如果不是他曲解了"举烛"两个字的意思，燕国说不定就会是另外一番景象喽。

例句

- 是不必然，亦不必不然，郢书燕说，固未为无益。（清·纪昀《阅微草堂笔记》）
- 科普作者要多方查证，万万不可凭着自己的想象郢书燕说、乱写一气。

成语个性

注意，燕作地名时，读第一声，如燕国、燕地、燕京。另外，燕作姓氏时也读第一声。

甚嚣尘上
shèn xiāo chén shàng

春秋·左丘明《左传·成公十六年》:"楚子登巢车以望晋军……'甚嚣,且尘上矣。'"

释 甚:很。嚣:喧嚷。人声喧嚷,尘土飞扬。原指军营中的忙乱景象。后用来形容喧闹、杂乱的样子。也形容对某事议论纷纷,或指某种论调非常嚣张。

近义 满城风雨 沸沸扬扬 沸反盈天　　**反义** 风平浪静 波澜不惊 偃旗息鼓

春秋时期，晋国和楚国经常发生战争，害得两个国家的百姓都不得安宁。后来，宋国出面调解，晋国和楚国才停止争斗，并且信誓旦旦地保证以后再也不打仗了。

几年以后，一直依附晋国的郑国突然翻脸不认人，转身投靠了楚国。晋国咽不下这口气，要发兵攻打郑国。郑国知道自己势单力薄，打不过晋国，就向楚国求救。楚国左右为难：帮助郑国，就违背了当初和晋国的约定；不帮忙，又怕郑国投靠别的国家，自己的实力会被削弱。

"怎么办才好呢？"楚王苦苦想了三天，最终决定帮助郑国攻打晋国。"只要能让楚国的实力壮大，管它什么约定。"楚王打定主意，亲自率兵来到郑国。

那时，晋国的军队已经在郑国安营扎寨了。楚国的军队就在离他们不远的地方驻扎下来。楚国的大臣伯州犁对楚王说："这里非常危险，您赶紧去营帐中休息吧！"

"那怎么行？我要帮郑国打赢这场仗，怎么能躲在营帐中呢！"楚王不听劝阻，登上高高的楼车向晋军那边观望。只见晋军的军营中，军士们来往走动，忙忙碌碌的，不知道在干什么。楚王对伯州犁说："晋军的军营里吵吵嚷嚷的，而且尘土飞扬。你过来看看，他们在干什么？"

伯州犁定睛一看，惊恐万分地说："不好了，晋军在填平水井，拆毁炉灶，他们这是要准备开战了。我们得马上采取行动。"

楚王赶紧下令："准备迎战！"

没过多久，晋军就攻了过来。这是一场非常激烈的战斗，打了整整一天，双方死伤无数。最后楚国战败，士兵们丢盔弃甲，夹着尾巴逃走了。遭遇这样的惨败，楚王后悔极了。

例句

🍂 其他所有甚嚣尘上的"主观愿望"的议论……无补于中国人的斗争。（茅盾《杂感二题》）

🍂 这个惊人的消息在网络上传得甚嚣尘上，后来发现竟然是谣言。

成语个性

这个成语现在常常用于含有贬义的语言环境，指某种言论十分嚣张。也用于指对立方狂妄的叫嚣。

满城风雨
mǎn chéng fēng yǔ

宋·释惠洪《冷斋夜话》:"(潘大临)遂起题壁曰:'满城风雨近重阳。'"

释 原形容秋天风雨交加的景象。后比喻某事迅速传开,到处都在议论。

近义 甚嚣尘上 沸沸扬扬

反义 风平浪静 波澜不惊

宋代有位诗人名叫潘大临,他才华横溢,写过不少优美的诗句,也结交了许多志同道合的朋友。只是,他出身贫寒,也没有什么挣钱的门道,生活一直很穷困。

有一年重阳节前,潘大临收到一位好朋友寄来的信,信上说:"秋天的景色优美别致,最容易激发出诗人的灵感来。你这位大诗人一定也不例外吧!最近有什么得意之作,快快和我分享一下吧!"

潘大临出神地望着窗外,院子里的菊花开得正盛,树上的叶子已经微微泛黄。他情不自禁地赞叹道:"秋天的美的确与众不同,用怎样的诗句才能把这种独特的美展现出来呢?"潘大临苦思冥想,没有一点儿头绪。

呼呼呼!起风了。几片树叶落下来,随风飞舞。

滴答!滴答!下雨了。

潘大临斜靠在床头,闭着眼睛听窗外的风雨声,脑海中突然闪出一道亮光。他立刻拿

出笔,大手一挥,在墙上写道:满城风雨近重阳……

刚写完一句,忽然有人敲门。

咚咚咚!咚咚咚!

敲门声一阵紧接着一阵,扰乱了潘大临的思路。写文章写到兴头上的时候,最怕有人打扰。一打扰,灵感没了,兴致也没了。所以,潘大临非常生气。但当他怒气冲冲地打开门,见到那张熟悉的脸时,立刻没了火气。原来,那人是来收租的。潘大临手上没钱,哪里还硬气得起来呀!他赶忙换上一副笑脸,和收租人周旋。

等把那个人送走以后,潘大临重新拿起毛笔,但脑子里已经一片空白,早就没了写诗的兴致。他心里十分窝火,给朋友回了一封信,信中说:"秋天的景物,确实样样都能写出佳句来,就是世间的一些俗事太煞风景。我刚刚写了一句'满城风雨近重阳',收租的人就来了,思路被打断,我再也写不下去了。所以,只能送你这一句诗。"

没想到这短短的一句诗竟然流传开来,成了潘大临的成名之作。

08 议论和评价 / 议论·满城风雨

例句

分量少了,为什么倒弄得闹闹攘攘,满城风雨的呢?(鲁迅《花边文学·零食》)

一件寻常小事,却闹得满城风雨,这是谁也没想到的。

跖犬吠尧
zhí quǎn fèi yáo

汉·刘向《战国策·齐策六》:"跖之狗吠尧,非贵跖而贱尧也,狗固吠非其主也。"

释 跖:盗跖,春秋时期著名的大盗。尧:上古时的贤君。盗跖的狗向尧狂吠。比喻坏人的爪牙一心为主子效劳,攻击好人。也比喻各为其主。

近义 各为其主

战国时期,齐国人田单大破燕军,收复了被燕国占领的七十多座城池,成了齐国的丞相。齐国上下对田单一片赞叹之声,只有一个叫貂勃的人到处说田单的坏话。

田单听说后，就把貂勃请到家里来，用好酒好菜招待他。

田单问："我并没有得罪过您，您为什么要骂我呢？"

貂勃笑着摇摇头，说："盗跖的狗冲着尧乱叫，不是认为盗跖尊贵而轻视尧，而是因为狗只忠诚于自己的主人，会向主人以外的其他人叫。如果让这只狗跟随一个德高望重的好人，那它一定会为主人效忠，去咬坏人了。"

田单心想："这个人到处说我的坏话，是想引起我的注意。而他现在是在借着狗，来说自己是个非常忠诚的人呐！"田单觉得貂勃有胆识、有才华，第二天就把他推荐给了齐王。

不久后，齐王派貂勃出使楚国。楚王热情地招待貂勃，留他在楚国住了一段时间。这时，齐王身边的九个大臣趁机说："貂勃只是一个普通人，楚王这么款待他，都是因为他和田单关系好。田单立了大功，就觉得自己了不起，到处收买人心。他的野心大着呢，大王您一定要防着点儿。"

齐王听了非常气愤，命令道："把田单给我叫来！"

田单接到命令后，赶紧摘下帽子，脱了鞋，光着上身，到齐王面前来请罪。齐王见田单这么敬重自己，就对他说："你并没有罪。只不过，你作为臣子，要尽你作为臣子的本分；我作为君王，也要有我君王的威严。"说完就让他回去了。

貂勃回国后，齐王设宴款待他。几杯酒下肚，齐王想起了田单，就大声嚷嚷着说："把田单叫过来！"

貂勃收起脸上的笑容，离开座位，对齐王行礼说："大王，您怎么能这样对待丞相呢？齐国遇到危难的时候，是丞相拼出性命，收复失地。论功劳，齐国上下没有人能比得上他。如果当时他自立为王，也是行得通的。但他没有那么做，而是甘愿做一个忠心的臣子。现在国家安定了，您却忘了他的功劳，直接称呼他的名字，言语之中还透露着轻蔑和不屑。您这样做，齐国总有一天会毁在您的手上。"

齐王惊出一身冷汗，这才知道自己犯了大错，立即下令杀了那九个大臣。

🌰 例句

🍃 跖犬吠尧，吠非其主；鸠居鹊巢，安享其成。（明·程登吉《幼学琼林》）

🍃 为了维护你的主子，你这样不分青红皂白地攻击好人，简直就是跖犬吠尧。

成语个性

这个成语也写作"桀犬吠尧"。桀是指夏朝的末代帝王夏桀，是历史上有名的暴君。

千夫所指

qiān fū suǒ zhǐ

汉·班固《汉书·王嘉传》:"千人所指,无病而死。"

08 议论和评价 批评·千夫所指

释：指：指责。遭到很多人指责。形容触犯众怒。

近义：众矢(shǐ)之的(dì) 人神共愤 天怒人怨

反义：人心所向 众望所归 天下归心

西汉末年，汉哀帝身边有一个叫董贤的人。他虽然是个男人，却长得眉清目秀，比女人还好看，而且非常会说话，专捡汉哀帝爱听的说。汉哀帝被他哄得十分开心，给了他很多赏赐，还要封他为高安侯。

在古代，能封侯的人都是有真本领，为国家立过大功的人，而董贤除了会在汉哀帝面前说甜言蜜语之外，什么本领也没有，所以这件事遭到了朝中大臣的极力反对。

丞相王嘉性子耿直，他对汉哀帝说："朝中呕心沥血，为国家立下汗马功劳的大臣们都没有封侯，董贤无德无能，凭什么让他当高安侯？"

汉哀帝摆出一副无所谓的样子说："因为董贤让我每天都很开心，我就要让他当高安侯。"

王嘉气得鼻子都歪了，也不管自己是什么身份了，破口大骂："整天在天子面前说甜言蜜语的都是奸臣，历史上有多少昏君都是败在奸臣手上啊！这样的教训难道还少吗？"

汉哀帝见王嘉当着这么多人的面骂自己是昏君，脸色突变，大声斥责道："大胆！你竟敢说我是昏君，不要命了吗？"

王嘉跪在地上痛哭流涕地说："我就是死，也要阻止陛下这么做。您如果让董贤当上了高安侯，会被全天下的人指责。俗话说：被一千个人指责，没病也会死。您可不能干糊涂事啊！"

汉哀帝非常气愤，把王嘉关进了大牢。王嘉在大牢里不断地给汉哀帝写信，表明自己的忠心，陈述封赏董贤的坏处，但汉哀帝根本听不进去。为了阻止汉哀帝，王嘉二十多天不吃饭，活活饿死了。让人惋惜的是，王嘉牺牲了自己的性命，也没能让汉哀帝改变主意。

例句

- 千夫所指，其倾覆可立而期。（章炳麟《联省自治虚置政府议》）
- 赚钱的道路有千万条，可不能干千夫所指的坏事啊！

成语个性

也写作"千人所指"。

金玉其外，败絮其中

jīn yù qí wài　bài xù qí zhōng

明·刘基《卖柑者言》："又何往而不金玉其外，败絮其中也哉！"

释 外表像金像玉，里面却像破棉絮。比喻人或事物外面看着漂亮，本质却很低劣。

近义 华而不实　徒有其表　　**反义** 表里如一　金相玉质

明代有个大臣名叫刘伯温。有一次，他在街上走着，看见路边有几个卖柑橘的摊子，其中一个摊位前排起了长龙，而其他几个摊子的主人喊破了喉咙也没有顾客上门。

刘伯温觉得非常奇怪，就凑到前面去看个究竟。真是不比不知道，一比吓一跳。其他几个摊子上的柑橘又干又瘪（biě），表皮皱皱巴巴，还有难看的斑纹。而这个摊位上的柑橘，个个饱满水灵，好像刚从树上摘下来的一样。

"这个季节不可能有新鲜的柑橘，这个人一定有储存柑橘的独门秘方。"刘伯温的好奇心被勾起来，自觉地排到队伍最后面，也想买几个柑橘让家人尝尝鲜。

黄昏时分，刘伯温买到了二斤柑橘，他一边走一边琢磨："这柑橘看着挺好看，不知道味道怎么样。"他顺手掰开一个，顿时傻眼了。这柑橘表面光鲜，里面却已经干枯了，像一团烂棉花一样。"这样的柑橘怎么能吃呢？"刘伯温气不过，拎着柑橘回来找摊主理论。

"你卖的柑橘外表金黄水灵，里面已经干枯成烂棉絮了，根本就不能吃。"

"我卖的就是这样的柑橘啊！"摊主不以为然地说，"人们就是因为我的柑橘好看，才抢着买的。你看看，来买柑橘的人这么多，从来没有像你这样来找我理论的。如果你不满意，可以去旁边买干瘪的柑橘，我又没拦着你。"

"你……你……"刘伯温气得浑身发抖，"你这是赤裸裸的欺诈行为！"

摊主扬起脸，盯着刘伯温的眼睛说："说到欺诈，我倒想问问您，那些威风凛凛的大将军，个个看上去不可一世，但他们真的有保家卫国的谋略和胆识吗？还有那些骑着高头大马的大臣，哪一个不是穿着华丽的外衣，过着光鲜亮丽的生活，但他们真的有才干有学识吗？他们都和我的柑橘一样，金玉其外，败絮其中。您不去追究他们，却偏偏和我这个小老百姓过不去，这是为什么呀？"

"这……"能言善辩的刘伯温竟然答不上来了，这个小老百姓真的不简单啊！

例句

🌰 难怪人说长皮不长肉，中看不中吃！这才是金玉其外，败絮其中呢！（欧阳山《三家巷》）

🌰 她身上穿着名牌，一张嘴却脏话连篇，真是金玉其外，败絮其中。

成语个性

也单写作"金玉其外"。

议论和评价　批评·金玉其外，败絮其中

味如鸡肋
wèi rú jī lèi

晋·陈寿《三国志·魏书·武帝纪》南朝宋·裴松之注引《九州春秋》:"(杨)修曰:'夫鸡肋,弃之可惜,食之无所得,以比汉中,知王欲还也。'"

释 鸡肋:鸡的肋骨。比喻事情不做可惜,做起来又没有多大好处。或是对事情的兴趣不大。

近义 食之无味,弃之可惜

反义 其味无穷

东汉末年,占据了益州(现在的四川省一带)的刘备派兵进攻汉中(在现在的陕西省西南部),魏王曹操派大将夏侯渊前去抵抗。夏侯渊作战勇猛,但他不懂得使用计谋,更不讲究战术,结果中了刘备设下的圈套,被刘备的手下杀死了。

曹操知道后，亲自率领大军支援汉中。但他们来晚了，汉中的所有有利地形已经被刘备占领了。这可让曹操犯了难：进攻吧，取胜的机会不大，如果继续打下去，自己的军队必定会伤亡惨重，不划算；放弃吧，就意味着把汉中拱手让人，心里又有点儿舍不得。曹操进退两难，不知道如何是好。

这天，晚饭时间到了，曹操想起烦心事，什么也吃不下，看着桌子上的饭菜发呆。这时将军夏侯惇（dūn）来请示晚上的口令，曹操看见盘子里有一根鸡肋骨，就顺口说："鸡肋！鸡肋！"

夏侯惇把口令传达下去，士兵们听得一头雾水，谁也不知道这个口令是什么意思。但既然口令是从夏侯惇嘴里传出来的，肯定错不了。于是，大家一起喊道："鸡肋！鸡肋！"

口令传到主管文书工作的杨修耳朵里，杨修想了想，说："今天晚上大家吃饱喝足，收拾行装，准备明天撤军吧！"

士兵们惊异地说："为什么？我们并没有收到要撤军的命令啊！"

杨修说："等着吧，明天就能收到命令了。"

第二天早晨，士兵们还没吃早饭，曹操的命令就下达了：撤军！

大家惊讶地看着杨修，杨修说："昨天晚上魏王说出'鸡肋'两个字，鸡肋这东西吃起来没什么肉，直接扔了又有些可惜，这说明现在的汉中对于他来说就是鸡肋，丢了可惜，但又没那么容易攻下来。以我对他的了解，猜到他权衡利弊之后，最终会选择放弃。"大家听完杨修的分析，对他佩服得五体投地。

例句

- 这个补习班真是味如鸡肋，上了收获不大，不上吧又觉得比别人少学了一些东西。
- 超市里的打折商品味如鸡肋，其实根本用不着，但不买又觉得可惜。

成语个性

"鸡肋"就是鸡的肋骨，骨头多肉少，啃起来也很费劲，也吃不到多少肉，扔掉又有点儿可惜。于是后来人们就用"鸡肋"比喻没有多大意味而又不忍舍弃的东西。

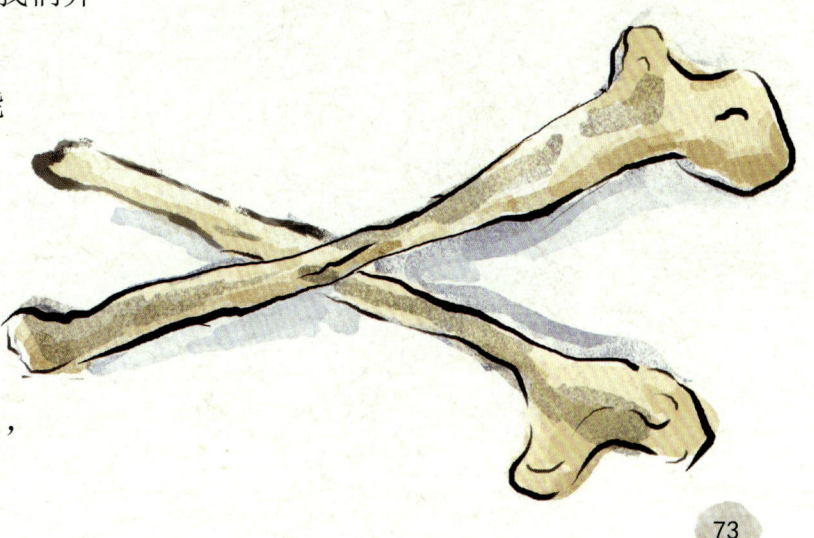

自相矛盾

zì xiāng máo dùn

战国·韩非《韩非子·难一》:"楚人有鬻（yù）盾与矛者,誉之曰:'吾盾之坚,物莫能陷也。'又誉其矛曰:'吾矛之利,于物无不陷也。'或曰:'以子之矛陷子之盾,何如?'其人弗能应也。"

释 矛：长矛。盾：盾牌。比喻一个人说话做事前后不一致或是互相抵触。

近义 漏洞百出 破绽百出　　**反义** 自圆其说

这天是赶集的日子，大街上人来人往，叫卖声、吆喝声此起彼伏，热闹非凡。忽然，从街角传来一个洪亮粗犷的声音："南来的北往的，都往这边看啊！错过这一回，保准儿让您后悔一万年啊！"

这样的叫卖可真有意思，人们呼啦啦地从四面八方跑过来看热闹，不一会儿就把那个人围了个水泄不通。人们好奇地张望着说："你卖的是什么呀？怎么没看见货物呢？"

"不用急，不用慌，货在这儿呢！"那人转身从墙角拿起一根长矛说，"我的矛是世界上最锋利的矛，不管是铜墙铁壁，还是水晶石头，它都能轻轻松松地刺穿。"

原来是卖矛的呀，还以为是什么稀罕物件呢！人们有些失望，摇着头都要走开。这时，那个人急了，又拿起一张盾牌说："不想买矛也没关系，来看看我的盾吧！这可是世界上最坚固的盾。不管多么锋利的矛，都戳不破。"

"吹牛！"人们撇撇嘴，没了兴致。对于这样夸大其词的宣传，人们已经见怪不怪了，哪个卖东西的不卖力说自己的东西好呢！

正在人们准备散去的时候，有个年轻人走过来，问道："你的矛真的什么都能刺穿吗？"

卖矛的人一看买卖来了，赶忙打起了精神，自豪地说："当然喽！我从来不骗人。"

年轻人又问："你的盾真的用什么东西都戳不破吗？"

"那是！"那人得意地说，"我的矛和盾都是最厉害的，你要是买了它们，绝对不会后悔。"

年轻人拿过矛和盾，仔细打量着说："一个是坚硬无比的盾，一个是锋利无比的矛，如果用这个矛去戳这个盾会怎么样呢？"

看热闹的人们哄堂大笑。卖矛的人憋了个大红脸，拿过矛和盾，一声不吭地走了。后来，他再也没有在这条街上出现过。

例句

- 吴荪甫终于开口了，却是就等于没说，一句话里就自相矛盾。（茅盾《子夜》）
- 他说的话自相矛盾，早就被老师识破了。

成语个性

这个成语除了比喻一个人说话或者做事前后不一致以外，也指同伙间的相互争吵或冲突，例如："今二宫危逼，猾寇滔天，臣子当勠（lù）力同心，岂可自相矛盾？"（宋·司马光《资治通鉴》）

天衣无缝 tiān yī wú fèng

前蜀·牛峤《灵怪录·郭翰》："徐视其衣并无缝，翰问之，谓翰曰：'天衣本非针线为也。'"

释 天衣：天神穿的衣服。神仙的衣服没有衣缝。形容事物周密完善，找不出破绽。

近义 滴水不漏　无懈可击

反义 漏洞百出　破绽百出

一个酷热难耐的夏天夜晚，书生郭翰热得睡不着觉，便到院子里大树底下去乘凉。圆圆的月亮挂在枝头，微风轻轻吹着，让人浑身上下都觉得十分舒爽。

郭翰望着月亮，自言自语地说："要是这时候天上再下来一位仙女，那该多好啊！"

话音刚落，一道白光从天而降，郭翰眨眨眼，看见一位美丽的女子站在面前。他惊讶地问："你是谁呀？"

女子说："我是天上的仙女啊！刚才听见你说想要一位仙女，我就从天上飞下来了。"

"你真的是仙女吗？"郭翰吃惊得瞪大了眼睛。

"那还有假？"仙女忽闪着大眼睛，羞答答地说，"人间的姑娘哪有像我这么漂亮的！"

郭翰还是不太相信，就想考考她。他眼珠骨碌碌一转，抬起头指着天空说："你既然是从天上来的，就跟我讲讲天上的事吧！天上的夏天是不是也热得像个大火炉，冬天是不是也冷得像冰窖？天上的花是不是也像人间一样开了又谢？天上的人们是不是也会生病？"

"哎呀，你的问题可真多。"仙女慢悠悠地说，"天上没有严寒酷暑，只有温暖舒适的春天，所以天上的树木永远长着茂盛的叶子，鲜花只要盛开，就永远不会凋谢。天上住的都是神仙，吃的是鲜果，喝的是仙水，当然不会有病痛的烦恼。"

郭翰说："既然天上这么好，你为什么还要下来呢？"

"你真是个书呆子！"仙女说，"再好的山珍海味，天天吃也会腻。天上虽然处处都好，但住的时间长了，也会厌烦。所以我才想来人间看看不一样的景色啊！"

"虽然你说得有鼻子有眼的，但我还是不太相信世界上真的有仙女。"郭翰打量着仙女说，"你身上有没有带着只有天上才有的宝物？拿出来让我瞧瞧，我才能相信你说的话。"

仙女展开自己的衣裙说："我的衣服就是宝贝。"

郭翰盯着仙女的衣服看过来看过去，歪着脑袋说："奇怪，你的衣服上怎么没有做衣服时留下的缝隙呢？"

仙女咯咯咯地笑弯了腰："这是仙女的衣服，不是用针线缝起来的，当然不会有缝隙了。"

这回郭翰终于相信眼前站的是位仙女了。可惜就在他一眨眼的工夫，仙女已经不见了。

例句

- 唐卿兄挖补手段，真是天衣无缝。（清·曾朴《孽海花》）
- 他的计划天衣无缝。

议论和评价 / 完美·天衣无缝

77

大谬不然

dà miù bù rán

汉·司马迁《报任安书》："日夜思竭其不肖之才力，务一心营职，以求亲媚于主上。而事乃有大谬不然者。"

释 谬：荒谬，错误。然：如此，这样。大错特错，与实际完全不符。

近义 荒诞（dàn）不经　似是而非

反义 不刊之论　颠扑不破

西汉时，大将军李广利率兵抗击匈奴，汉武帝想让李陵带着一队人马去给李广利运送粮草。李陵也是当时有名的大将，他对汉武帝说："我手下都是精兵强将，每一个都是骑马打仗的高手，让他们去运送粮草，是大材小用，太浪费了。请陛下把运送粮草的任务交给别人，让我带着他们去前线杀敌吧！"

汉武帝说:"可是眼下兵马都已经派出去了,没法再指派给你。"

李陵拍着胸脯说:"只要陛下肯让我出兵,我只需带上五千步兵,就能端了单(chán)于(匈奴人的首领)的老窝。"汉武帝见李陵这么有把握,就答应了。

李陵率领的五千步兵和单于的三万骑兵在一座山上相遇。两军兵力相差悬殊,单于没把李陵他们放在眼里,结果吃了败仗。气急败坏的单于又调集来几万士兵,一起围攻李陵。李陵和士兵们虽然拼尽全力,但敌人越聚越多,最后他们弹尽粮绝,只好投降。

消息很快传回来。汉武帝非常气愤,破口大骂:"李陵口口声声说自己善于领兵作战,结果怎么样,不但自己当了俘虏,还害得那么多士兵丢了性命!"

大臣们也议论纷纷,说:"是啊,没有那么大的本事,干吗还要去打仗呢!真是不知天高地厚啊!"

这时,司马迁站出来说:"陛下您千万别生气。李陵虽然投降了,但他用五千人杀了匈奴上万人,他的功劳可不小啊!再说,他明明知道敌众我寡,战场上十分凶险,还甘愿冲上前去,这说明他为了国家的安危,早已经把生死置之度外了,是一位真正的勇士。"

听到这番话,汉武帝心里的怒气消了一点儿。

但没过多久,有人陷害李陵,说他正在给匈奴练兵,准备攻打汉军。汉武帝信以为真,一气之下杀了李陵全家,还重重地惩罚了司马迁。司马迁悲愤欲绝,给好朋友任安写了一封信,信中说:"我每日每夜都在想着要献出自己微不足道的全部才干和能力,专心致志地干好自己的本职工作,以求得皇上的亲近和信任。万万没想到今天会遭受这样严酷的刑罚,我真是大错特错了,事情根本不是我原先想的那样。"

例句

● 老爷一听这句话,只急得局促不安,说道:"啊!太太,你这句话,却讲得大谬不然了!"(清·文康《儿女英雄传》)

● 他花钱大手大脚,大家都以为他是一个有钱人,其实大谬不然,他只是在装样子而已。

成语个性

司马迁是汉武帝时的史官,他著写的《史记》是中国第一部纪传体通史。

以古非今
yǐ gǔ fēi jīn

汉·司马迁《史记·秦始皇本纪》："有敢偶语《诗》《书》者弃市，以古非今者族。"

释 非：非难，否定。用古代的人和事来否定、攻击今天的现实。

近义 厚古薄今

反义 古为今用

这天，是秦始皇的生日。他在宫中大摆筵席，邀请文武百官和六十位博士，一起为自己庆祝生日。

酒席上，大家纷纷拿出看家本领吹捧秦始皇，秦始皇听得眉飞色舞，都快要飞起来了。这时，博士淳于越见秦始皇正在兴头上，就壮着胆子说："陛下，您不要被众人的吹捧冲昏了头脑！眼下有一件事，我觉得您做得还不够好。"

这几句话像一盆冷水兜头盖脸浇在秦始皇身上，秦始皇顿时愣住了。"什么事？"他不高兴地问道。

淳于越说："历史上，周天子把天下的土地都分封给自己的亲属、功臣们分别统治，这样，周天子周围就建立起一个强大的关系网。而那些亲属、功臣得到这么大的封赏，心里充满感激，必定会对天子忠心耿耿，周天子的统治因此更加稳固。您为什么不效仿周天子，也把土地进行分封呢？"

秦始皇听了，心里非常不高兴，因为他最大的愿望就是统一天下。但他没有直接反驳淳于越，而是铁青着脸问各位大臣："你们有什么意见？"

丞相李斯跟随秦始皇多年，早就摸清了他的脾气，站出来反驳道："我的想法和淳于越博士恰恰相反，我认为只有天下统一，才能更好地管理和统治。社会在发展，人类在进步，古代的制度只适用于那个特定的历史时期。一些文人总是喜欢用古代的事抨击现在的政治，这种做法是非常消极的。所以，我建议陛下把秦国之外的历史书籍、诸子百家的书全都烧毁，不要让人们再受那些老旧学说的毒害了。如果谁还敢谈论古代的《诗经》《尚书》之类书籍的，直接处死；用古代的事例攻击当今政治的，杀他全家。"

"好！就按你说的办！"秦始皇一声令下，不到三十天，中国秦代以前的古典文献全部化为灰烬。那些爱好读书的人心如刀割，却没有一点儿办法。

后来，秦始皇派一些方士（炼丹求仙的人）去寻找长生不老药。他们找不到，就四处说秦始皇的坏话。秦始皇非常生气，迁怒于其他方士和儒生（读书人），总共抓了四百多人，统统活埋了。这就是历史上著名的焚书坑儒事件。

例句

- 始皇可其议，收去《诗》《书》百家之语以愚百姓，使天下无以古非今。（汉·司马迁《史记·李斯列传》）
- 回顾过去并非以古非今，而是总结经验，汲取教训。

议论和评价 / 评价·以古非今

以貌取人
yǐ mào qǔ rén

汉·司马迁《史记·仲尼弟子列传》："吾以言取人，失之宰予；以貌取人，失之子羽。"

释 根据外貌来判断人的品质和才能，或决定对待他的态度。

近义 以言取人　以人废言

反义 任人唯贤　量(liàng)才录用

孔子是我国历史上有名的教育家，传说他有三千多位弟子。

有一年，有个叫澹(tán)台灭明的人来拜见孔子，想要跟着他学习。澹台灭明复姓澹台，名灭明，字子羽，长得特别丑陋。孔子看着他的样子，觉得他不会有什么大的作为，就不愿意收他为徒。可他转念一想，自己整天宣扬什么样的人都可以接受教育，如果因为澹台灭明相貌丑陋就拒绝他，这不是自相矛盾吗？于是，他只好不情愿地收下了澹台灭明。

澹台灭明没有因为自己的相貌自暴自弃，而是跟着孔子发奋学习，后来也成了一代名师。

孔子还有一个学生名叫宰予，他长得英俊潇洒、相貌堂堂，而且能说会道，人也很机灵。孔子非常喜欢他，经常对人们说："宰予聪明伶俐，学东西也比一般人快，以后肯定会有一番大作为。"

08 议论和评价

有一天,孔子正在给学生们讲课,教室里忽然响起打呼噜的声音,一声接着一声,惹得大家议论纷纷。孔子皱着眉头往下看,竟然是宰予趴在桌子上睡觉。孔子气不打一处来,说道:"亏我还常常在人前夸你,你却这么懒惰不争气,太让我失望了!"话虽然这么说,孔子还是对宰予处处关照,非常偏爱。

宰予跟随孔子学习了一段时间后,就觉得自己非常有学问了,经常向孔子和同学提出一些刁钻古怪的问题,愚弄大家。孔子对他的做法非常不满,觉得宰予的言谈举止之中没有仁爱之心,对他失望透顶。

想想澹台灭明和宰予这两个学生,孔子感叹地说:"我只凭言语判断人,对宰予的判断出错了;单从相貌上判断人,对子羽的判断也错了。哎!我一生都在教育别人,自己却从外表来判断一个人的品质和才能,真是大错特错啊!今后一定要时刻叮嘱自己,看人不能光看外表,要看他的人品和德行。"

例句

- 妾初以公子世家文人,故蒙羞自荐。不图虚有其表!以貌取人,毋乃为天下笑乎!(清·蒲松龄《聊斋志异》)
- 新来的同学相貌平平,却能写出一手漂亮的方块字,真是不能以貌取人啊!

成语个性

这个故事中,还包含另一个成语"以言取人",指凭一个人的言谈来判断其好坏。

先入为主

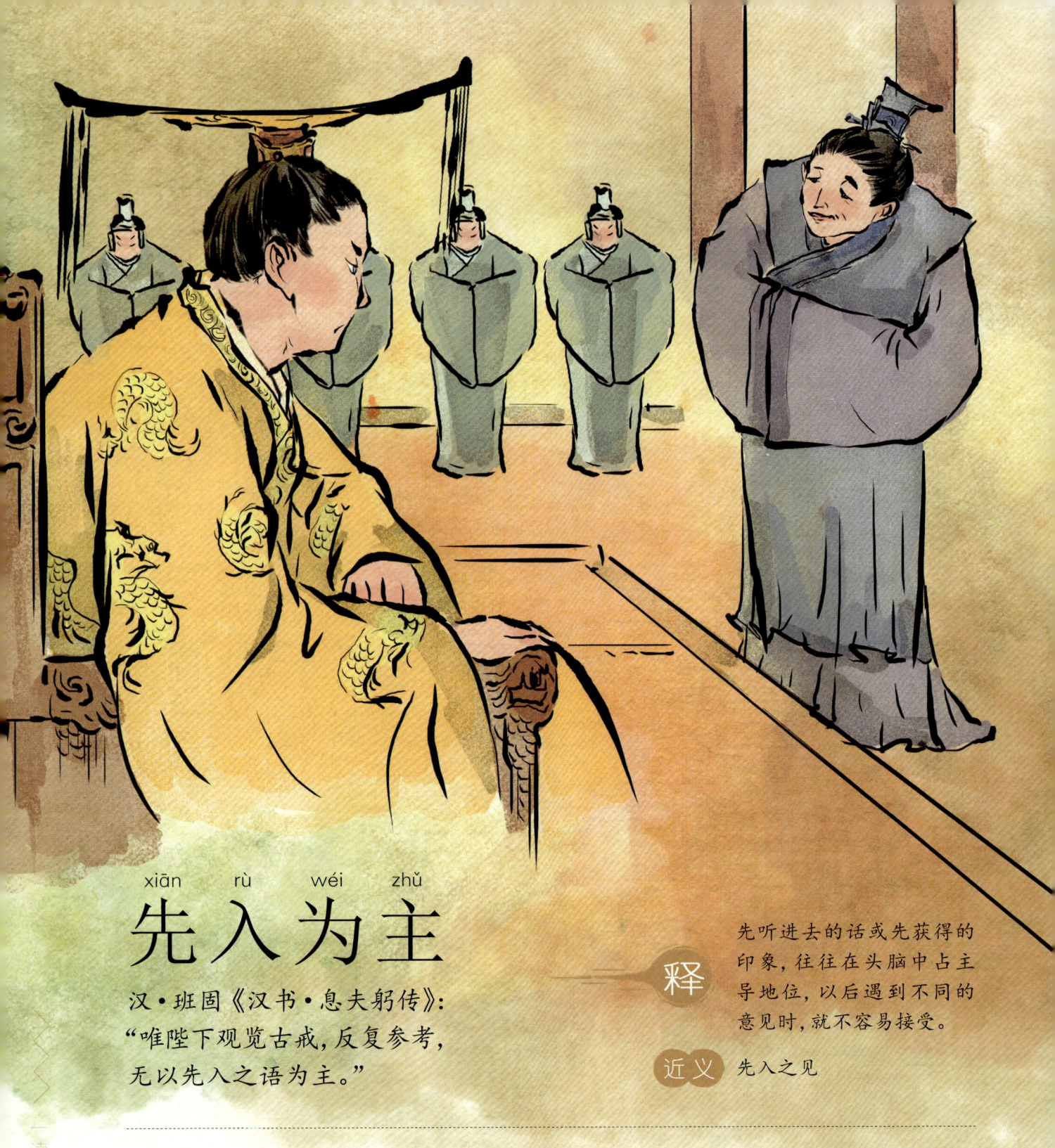

xiān rù wéi zhǔ

汉·班固《汉书·息夫躬传》:"唯陛下观览古戒,反复参考,无以先入之语为主。"

释 先听进去的话或先获得的印象,往往在头脑中占主导地位,以后遇到不同的意见时,就不容易接受。

近义 先入之见

西汉时期,有一个名叫息夫躬的大臣。他能说会道,把汉哀帝哄得团团转,汉哀帝非常信任他。息夫躬仗着自己受宠,就在汉哀帝面前说其他大臣的坏话,一会儿说这个脾气不好,一会儿说那个胆子小,不敢承担责任,搅得朝中上下乌烟瘴气,大臣们恨他恨得牙根直痒痒,都躲他远远的。

有一年，匈奴进贡的日子到了。汉哀帝左等右等，没有等来单（chán）于，只等来了一封信。信是单于亲笔写的，上面说自己现在病得很重，不能去拜见汉哀帝，请汉哀帝再多等上几天，等他病好了，再亲自带着礼物来请罪。

汉哀帝看了信，并没有把这件事放在心上。息夫躬却对汉哀帝说："单于怎么偏偏在进贡的时候生病呢？我看他是故意装病，不想来进贡。说不定他现在正密谋造反呢！"

汉哀帝吓了一跳，赶忙问道："那可怎么办啊？"

息夫躬说："趁他现在还没发兵，我们应该先下手，打他一个措手不及，让他知道大汉的厉害！"

汉哀帝把息夫躬的话告诉其他大臣，让他们出出主意。大臣们都很气愤，说："单于在信上写得清清楚楚，他是因为生病才没能按时来进贡。怎么能仅凭这个就说他想造反呢？息夫躬平时就喜欢到处挑拨是非，陛下千万不要听他的话，引起天下大乱啊！"

汉哀帝觉得大臣们说得有道理，决定不讨伐匈奴。息夫躬见自己的计划要失败，又对汉哀帝说："我昨天晚上观察天上的星星，发现它们的排列方式和平时不一样，这是会发生叛乱的征兆。陛下赶快采取行动，攻打匈奴吧！"

这些话传到了丞相王嘉的耳朵里，王嘉为人正直，他对汉哀帝说："息夫躬是个到处惹是生非的小人，您怎么能听信他的话呢？希望陛下您以古为鉴，仔细考虑后再做决定。千万不要因为有人先提出了意见，就不接受别的意见了。"

汉哀帝听从王嘉的劝告，再也不提征讨匈奴的事，并把息夫躬关进了监狱。

08 议论和评价／评判失当·先入为主

例句

- 见长幼尊卑之节有一定不易之理，先入为主，故后起之私心，终有所顾忌而不敢逞。（清·阮葵生《茶余客话》）
- 人们总是先入为主地认为猪八戒很笨，其实他才是真的聪明呢！

成语个性

现在这个成语常用来指偏听偏信，排斥他人的正确意见。本故事中的息夫躬姓"息夫"，是一个复姓，"躬"是他的名字。

曲高和寡
qǔ gāo hè guǎ

战国·宋玉《对楚王问》："是其曲弥（mí）高，其和弥寡。"

释 高：高深。和：应和，跟着唱。曲调高深，能跟着唱的人就少。旧指知音难得。现比喻思想、言论、作品等高深，能理解、接受的人很少。

近义 高深莫测　　**反义** 雅俗共赏

宋玉是战国时期的楚国人，他长得玉树临风，是中国古代的四大美男之一。

有一次，楚襄（xiāng）王把宋玉叫到面前，皱着眉头仔细打量起他来。宋玉被他看得浑身不自在，就好奇地问："大王，我身上有什么不对劲儿的地方吗？"

"那倒没有。"楚襄王摇摇头，"你一表人才，是我们楚国的骄傲。只是我最近总是听到有人偷偷议论你。"

"哦？他们说我什么？"宋玉来了兴致。

"有人说你人品不好，有人说你净干坏事，反正都是在说你的坏话。你是不是真的干了坏事，被人家发现了？要不然为什么人们都骂你呢？"

宋玉听了一点儿也不生气，反而笑了起来："大王，我给您讲个故事吧！前几天，有个人来我们都城唱歌，他一开始唱的都是民间的通俗小调，大家都能听懂，所以听他唱歌的人特别多，有几千人，而且人们还会情不自禁地跟他一起唱。后来，他不唱通俗小调了，改唱一些比较高雅的歌曲，那些听不懂的人觉得没意思，纷纷离开了，只剩下几十个人继续跟着他一起唱歌。最后，他唱起了只有极少数人才能欣赏的歌曲，结果，只有几个人留下来和他一起唱。曲子越是高雅，能欣赏它的人就越少。同样的道理，普通人的想法都是相同的，所以他们说的话做的事大家都能理解。而优秀的人想法和一般人不一样，普通人难以理解，才会说出一些不好的话。"

"哦！原来是这样啊！"楚襄王点点头，指着宋玉说道，"我明白了，你是在变着法夸自己优秀啊！"

"不敢当！不敢当！"宋玉嘴上这样说着，心里早已经乐开了花。

08 议论和评价

难测·曲高和寡

例句

- 我在省城，只听人称赞靓云，从没有人说起逸云，可知道曲高和寡呢！（清·刘鹗《老残游记续篇》）
- 你的雕塑作品非常具有艺术性，但曲高和寡，一般人看不懂啊！

成语个性

和，不读 hé，也不要写成"合"。宋玉是我国历史上著名的文学家，擅长辞赋，流传下来的作品有《神女赋》《九辩》《凤赋》等。除了"曲高和寡"以外，成语"阳春白雪""下里巴人""宋玉东墙"也是出自宋玉的故事。

小时了了

xiǎo shí liǎo liǎo

南朝宋·刘义庆《世说新语·言语》:"小时了了,大未必佳。"

释 了了:聪明懂事。小时候聪明伶俐。　**近义** 聪明伶俐　**反义** 蠢如鹿豕

　　东汉时的孔融从小聪明伶俐、能言善辩,民间流传着许多关于他的故事,下面这个故事说的就是孔融十岁那年的事。

　　都城洛阳有一个叫李元礼的人,非常有才华,孔融想去拜访他。但李元礼只接

见有名望的才子，普通人去了，连门都不开。父亲怕孔融受委屈，就劝他说："去了也是碰一鼻子灰，还是乖乖在家读书吧！"

"我偏要去试试！"孔融胸有成竹地说，"我有办法让他接见我。"

第二天，孔融来到李元礼家门前，迈开大步就要往里走。看门的人拦住他说："你知道这是谁家吗？就冒冒失失地往里闯。"

"这是李元礼家啊！我就是来找李元礼的。"

看门人说："我家先生那么忙，可没时间哄小孩子。"

"你又不是李元礼，你怎么知道？"孔融挺直了腰板说，"我叫孔融。去告诉李元礼，我是他家亲戚。"看门人一听，赶紧进去禀报。

李元礼听说有个叫孔融的小孩自称是他的亲戚，觉得很奇怪，就让人带了进来。

李元礼问孔融："你跟我是什么亲戚呢？"

孔融说："我的祖先孔子曾经多次向您的祖先老子请教学问，他们既是师徒，又是好友。这样算下来，我和您算是世代通家之好，当然就是亲戚喽！"老子姓李名耳，和李元礼同姓，据说孔子曾向老子请教关于"礼"的知识，所以孔融才会说这样一番话。

"没错没错！我们是亲戚！"李元礼对孔融的机智赞叹不已。

过了一会儿，来拜访李元礼的人都到齐了。李元礼把孔融认亲戚的事情告诉大家，大家都对孔融赞不绝口。

这时，一个叫陈韪（wěi）的人轻蔑地说："你们现在夸他太早了！小的时候聪明，长大了未必有出息。"

孔融歪着脑袋对陈韪说："哦，看来您小时候一定很聪明啊！不然现在怎么会说出这样的话呢？"

众人听了哄堂大笑，陈韪气得满脸通红，一句话也说不出来。

例句

- 所谓"小时了了，大未必佳"，确是不刊之论。（梁实秋《同学》）
- 小时了了，大未必佳。聪明的孩子也需要用心培养，长大后才会有出息。

成语个性

"小时了了"的本意是夸赞小孩子聪明，但这个成语经常会和"大未必佳"连用，指"小时候很聪明，长大了却未必能够成材"，含有轻蔑、讥讽的意思。

五十步笑百步

战国·孟轲《孟子·梁惠王上》:"填然鼓之,兵刃既接,弃甲曳兵而走。或百步而后止,或五十步而后止。以五十步笑百步,则何如?"

释 作战时后退了五十步的士兵讥笑后退了一百步的。比喻缺点或错误的程度不同,实质却一样。

近义 半斤八两　　**反义** 天壤之别

战国时期,魏国的国君梁惠王采取了许多措施,想让魏国变得强大起来。可是,过了一段时间,他发现没有什么效果,心里非常郁闷。

这天,孟子来见梁惠王。梁惠王向孟子请教道:"为了治理好国家,让百姓安居乐业,我费尽了心思,能用的方法都用上了。为什么国家没有强大起来,百姓们也不高兴呢?"

孟子问他:"您都采取了哪些措施?"

梁惠王说:"河西发生灾害的时候,我就把河西的百姓迁到河东,还分给他们粮食,让他们填饱肚子。河东发生灾害的时候,我也是这么做的。周围国家的国君没有一个像我这样,对百姓的事这么尽心尽力的。可是其他国家的百姓还是宁愿待在自己的国家,也不愿意来投奔魏国，这是为什么呢？"

孟子说："既然您喜欢打仗，那我就用打仗打个比方吧！战场上，战鼓已经擂响，战斗开始了，有些士兵丢盔弃甲临阵脱逃了，有的逃了一百步，有的逃了五十步。这个时候，逃了五十步的人就嘲笑逃了一百步的人是胆小鬼，您觉得这应该吗？"

"不应该。"梁惠王摇摇头说，"不管逃五十步，还是一百步，都是逃兵。"

孟子说："您治理国家就犯了'五十步笑百步'的错误。想让百姓安居乐业，只需要让他们做好自己的事情就可以了，该种田的时候种田，该捕鱼的时候捕鱼，房前屋后种上桑树，院子里养起家畜家禽，这样他们自然就能过上好日子，人们不愁吃不愁穿，脸上就会不由自主地露出笑容。等人们解决了吃饭穿衣的问题后，再开办学校，教人们学习礼仪，社会风气就会好起来。到那个时候，邻国的百姓们就会心甘情愿地来投奔魏国，魏国也会一天天壮大起来。"

听了这番话，梁惠王恍然大悟，知道自己做得还远远不够，再也不敢吹嘘自己的功绩了。

例句

● 孔子的见地远是远点，但比起冉求，也不过是以五十步笑百步而已。（闻一多《什么是儒家》）

● 咱俩都没及格，就不要五十步笑百步，互相讥讽了。

成语个性

梁惠王就是魏惠王，因为魏国的国都在大梁，所以也被称为梁惠王。"步"是古代的长度单位，一步等于六尺，有一米多长。古人的一步为什么会有这么长呢？这是因为古人以两只脚往前各迈出一次为一步，一只脚迈出一次则算半步，称为武。有个词叫"步武"，指的就是很短的距离。

08 议论和评价 高下优劣·五十步笑百步

91

耳熟能详

ěr shú néng xiáng

宋·欧阳修《泷冈（shuāng gāng）阡（qiān）表》："其平居教他子弟，常用此语，吾耳熟焉，故能详也。"

释：详：说明，细说。听得多了，熟悉得能详尽地说出来。

近义 如数（shǔ）家珍

反义 前所未闻

　　欧阳修是北宋时期著名的文学家。他的父亲是个地方官，在欧阳修四岁的时候就去世了。家里没了顶梁柱，没了收入，欧阳修和母亲的生活一下子陷入困境，连买笔墨纸砚的钱都没有了。

　　母亲看着小小的欧阳修，下定决心，一定要靠自己的双手把欧阳修抚养成人。没钱买笔墨纸砚，她就把沙子铺在地上，拿着芦苇秆在上面写字，教欧阳修读书识字。闲下来的时候，她把欧阳修抱在怀里，看着四面透风的房子说："孩子，有的人做官，会利用职务收敛钱财，为子孙后代置办下许多家业。而你父亲，连一间像样的屋子都没有留给你，你会记恨父亲吗？"

"我知道父亲是一位清官,是为百姓们做事的,从不贪图钱财。"乖巧懂事的欧阳修摇摇头,撒娇道,"母亲,再给我讲讲父亲的故事吧,我最喜欢听了。"

"好啊!"母亲温柔地说,"你父亲活着的时候,我经常半夜醒来时见他还坐在桌子前翻看案卷。有一次,我看见他盯着案卷愁眉不展。原来,是有个人犯了罪,被判了死刑。我好奇地问:'这个人已经判了死刑,案子已经结束了,你为什么还在唉声叹气呢?'他叹息着说:'这个人虽然犯了罪,但他确实不是故意的,我多么想凭借自己的力量保住他的性命啊!可是,唉……不久后他就要被处死了。'"

欧阳修疑惑不解地问母亲:"那个人既然犯了罪,父亲为什么要保住他的性命呢?人们不是都希望做坏事的人受到惩罚吗?"

母亲说:"你父亲想尽办法要为他寻一条生路,就是希望他能有机会改过自新,重新做人,这样才不会留下遗憾。你父亲心地善良、仁义正直,平时也是这样教导他的学生。我听多了,都听得耳熟了,所以能够详细地说出来。你虽然没有受过父亲亲自教导,但父亲的故事也听了很多,千万不要让他失望啊!"

欧阳修点点头,从此之后发奋读书、刻苦学习,终于成了被后人敬仰的文学家,写出了流传千古的诗文佳作。

成语个性

"耳熟能详"和"耳濡目染"都含有对某件事听得次数很多的意思,但"耳濡目染"强调无形之中造成的影响,"耳熟能详"则强调对某事非常熟悉,能详尽地说出来。

例句

🍡 春卷、馄饨、麻菇鸡片西人已经耳熟能详。(林语堂《说纽约的饮食起居》)

🍡 《西游记》的故事孩子们耳熟能详,说起里面的情节一个个眉飞色舞、喜笑颜开。

闻所未闻
wén suǒ wèi wén

汉·司马迁《史记·郦（lì）生陆贾列传》：「越中无足与语，至生来，令我日闻所不闻。」

释 听到了从来没有听到过的事。形容事物新奇罕见。

近义 旷古未有　前所未闻　亘古未闻

反义 司空见惯　屡见不鲜　不足为奇

西汉初年，赵佗（tuó）在南越自立为王，独霸一方。汉高祖刘邦派能言善辩的陆贾去南越，劝说赵佗归顺汉朝。

陆贾到了南越，赵佗坐在高高的宝座上，半闭着眼睛说："你是谁呀？来求见我有什么事？"

陆贾说："我是大汉朝的使臣陆贾，是皇帝陛下派我来的。"

"陆贾？没听说过。"赵佗摇摇头，"说吧，刘邦派你来干什么？"

在那个时代，没有人敢直接称呼皇帝的名字。陆贾见他这么傲慢，气不打一处来，振振有词地说："看来你这个小地方消息很闭塞，不知道我们皇上有多么厉害，我就讲给你听听。想当年，各路豪杰纷纷起兵造反，要推翻秦朝。其中有一个叫项羽的人，势力最强，威望最高，但他最终也没有什么大的作为。而皇上凭着出色的智慧和勇气，最后平定天下，建立了汉朝。这可不是一般人能做到的。"

"哦！原来是这样！"赵佗把身体坐端正，恭恭敬敬地说，"皇上果然是威武不凡。"

"那还用你说！"陆贾接着说，"皇上不但勇猛善战，还有一颗善良仁慈的心，他不愿意看到南越和汉朝再发生战争，让百姓们受苦，才派我来劝说你归顺大汉。能为这么英明神武的皇帝做事，是多少人求都求不来的，而你却这样无礼。如果我把你的所作所为告诉皇上，他一定不会轻饶。凭着大汉的兵力，不费吹灰之力就能把你的南越国踏为平地，到时候让你哭都哭不出来！"

赵佗惊出一身冷汗，赶紧来到陆贾面前，拱手作揖道："先生不要生气，这件事是我做得不对。这里的人都敬我怕我，没有一个人愿意和我说知心话。你今天说的这些事，我以前从来没有听说过。希望你不要怪罪，更不要告诉皇上。我愿意归顺大汉，做一名忠心的臣子。"

陆贾回到汉朝，把事情的经过告诉刘邦，刘邦对陆贾的表现非常满意，给了他非常丰厚的赏赐。

议论和评价

罕见·闻所未闻

例句

今日见了紫菱姐姐飞来飞去，业已奇极，谁知还有海外这些异事，真是闻所未闻！（清·李汝珍《镜花缘》）

王晨旅游回来，给我们讲了许多闻所未闻的事。

成语个性

这个成语经常和"见所未见"连用，表示事物非常罕见。

咄咄怪事
duō duō guài shì

南朝宋·刘义庆《世说新语·黜（chù）免》："殷中军被废在信安，终日恒书空作字……唯作'咄咄怪事'四字而已。"

释 咄咄：叹词，表示惊讶。形容不合常理，令人感到惊讶或难以理解的事情。

近义 无奇不有　惊世骇俗

反义 不足为奇　顺理成章

晋朝时期，有一个叫殷浩的人。他不但学识渊博、出口成章，而且精通兵法，年纪轻轻就已经成了当地响当当的人物。每次提起他，人们都会发出啧啧的赞叹声。

后来，殷浩的名声传到了皇帝的耳朵里。皇帝便把他召进宫里来，和他讨论带兵打仗的事。殷浩说话有理有据，对皇帝的问题对答如流。

"哎呀，像你这样文武双全的人才，怎么能埋没呢？"皇帝高兴地说，"我要封你做大将军！"

从这之后，殷浩就当上了官，参与朝廷政事。因为能说会道，在名士中声望又高，皇帝对殷浩非常器重，逢人便说："殷浩是个了不起的文武全才，只要有他在，我的心里就非常踏实。"

殷浩备受皇帝的宠信和重用，让另外一位大将军桓（huán）温嫉妒得眼睛都红了。这一年，殷浩率领七万大军北伐，结果打了败仗，伤亡惨重。桓温抓住这次机会，在皇帝面前说尽殷浩的坏话，皇帝罢免了殷浩，把他流放到了非常偏远的地方。

"唉！真是伴君如伴虎啊。我打了一次败仗，就被流放到了这里，皇帝对我太无情无义了。"殷浩对皇上非常不满，但又不能说皇帝的坏话，只能把这些话憋在心里，表面上装出一副无所谓的样子。家人见殷浩和平常一样吃饭睡觉，以为他真的想开了，也就不再那么担心了。

可是不久后，家人发现殷浩一有空闲的时候，就用手在空中比划。"难道殷浩生病了？"家人细心观察，发现他整天比划的都是"咄咄怪事"四个字，便好奇地问："你为什么总是比划这四个字？是心里有什么话要说吗？"

08 议论和评价 · 奇特 · 咄咄怪事

殷浩眼含热泪，叹息着说："眨眼间，我就从人人敬仰的大将军变成了罪犯，流落在这个荒凉的地方。战场上本来就有胜有败，就算我打了败仗，也不应该受到这样严厉的惩罚啊！这件事太突然、太意外了，我怎么想也想不明白。"

家人这才知道，原来殷浩的心里一直压着块大石头。

咄咄怪事

例句

- 如何今晨天地间，咄咄怪事满眼前。（宋·杨万里《明发栖隐寺》）
- 好端端的一个大活人，竟然凭空消失了，真是咄咄怪事。

成语个性

咄（duō），不要错读成第二声。殷浩手在空中写字的故事，演化出另一个成语"咄咄书空"，形容失意、懊恼之态。

无可厚非
wú kě hòu fēi

汉·班固《汉书·王莽传》："莽怒，免英官。后颇觉悟，曰：'英亦未可厚非。'"

释 厚：重，过分。非：非难，责备。不可以过分指责。表示虽有缺点，但是可以原谅。

近义 无可非议 情有可原　**反义** 情理难容

在我国历史上，有一个非常短暂的朝代——新朝，它夹在西汉和东汉之间，只存在了十五年，开国皇帝，也是唯一的皇帝就是王莽。

王莽是汉元帝的妻子孝元皇后的侄子，他年轻的时候孝敬长辈、谦逊有礼，生活也很俭朴，给人们留下了非常好的印象。后来王莽当上了大司马，依然过着俭朴的生活，还经常救济穷人，深受百姓爱戴。慢慢地，王莽的声望越来越高，权力越来越大，野心也越来越大。后来，他干脆夺取了皇位，自己当了皇帝，改国号为"新"。

王莽一当上皇帝，就开始大刀阔斧地进行改革。大到刑法礼制，小到柴米油盐，改革涉及方方面面，力度非常大。但他提出来的改革措施，考虑得不够周到，实施之后不但没有给百姓带来好处，反而让百姓的生活陷入困顿之中，引起了百姓们的强烈不满。

后来，王莽又派大军出征西南地区，临近州县的百姓因为要为部队提供军粮、衣物，更加不堪重负。官员冯英上书说："西南山高路险，出征的士兵死伤大半，地方上的负担也重。请皇帝陛下即刻下令停止打仗，士兵就地驻扎下来开垦良田。现在百姓们的生活已经很困难了，如果再增加赋税，他们一定会起兵造反的。"

"胡说八道，我做这么多都是为了百姓好，他们怎么能造反呢？"王莽一怒之下罢免了冯英。之后，王莽意识到，冯英说的话虽然不好听，但道理是对的，不应该过分指责怪罪。

最后，王莽的一意孤行让百姓们的日子越来越艰难，社会动荡不安。各地的百姓纷纷起义，杀死了王莽，推翻了短命的新朝。

08 议论和评价 / 认可·无可厚非

成语个性

也写作"未可厚非"。"无可厚非"表示虽有错误或缺点,但可以原谅,不能一概否定,过分责备。"无可非议"是说没有什么可以批评、指责的,表示言行合情合理,并无错误。这两个成语不能混为一谈。

例句

- 这太狠心,可是忘了家才能老记着国,也无可厚非。(老舍《四世同堂》)
- 在几个徒弟中,他对自己的儿子格外偏爱,这也是无可厚非的。

差强人意
chā qiáng rén yì

南朝宋·范晔《后汉书·吴汉传》:"乃叹曰:'吴公差强人意,隐若一敌国矣。'"

释 差:略微。强:振奋。人意:人的意志。原指还算能振奋人的意志。现在形容某人或某事还不错,大体上还能使人满意。

反义 大失所望

吴汉是东汉时期的开国名将,他跟随光武帝刘秀东征西伐、平定叛乱,立下了赫赫战功。

在战场上,他不但勇猛无敌,还特别擅长鼓舞军心、振奋士气。有一次,战争刚刚开始，吴汉就不小心从马上跌下来，摔伤了膝盖。士兵们私底下议论纷纷："大将军不能在阵前指挥了，我们心里没有底，这场仗看来是输定了。"吴汉听见了，立刻打起精神，像往常一样巡视军营。他神采奕奕、意气风发，一点儿也看不出受了伤。他站在人群当中振臂高呼："今天大家都辛苦了，我要杀猪宰牛，犒劳你们。等大家吃饱喝足之后，就拿出全部的力气和敌人大战一场，杀他们个片甲不留！"

士兵们被吴汉的精神鼓舞，浑身充满了力量。第二天他们奋勇杀敌，真的打了一场漂亮的胜仗。从那以后，士兵们都把吴汉当作他们的主心骨，只要有他坐阵，心里就特别踏实。

还有一次，吴汉和其他将军遭遇了一场特别艰难的战斗。局势对他们非常不利，刘秀十分担心，便派人去军营打探消息。很快，派去的人回来了，刘秀问他："将军们现在的状态怎么样？"

"很不好，大家都觉得这场仗难以取胜，心里没底，一个个无精打采的，军心涣散。"

"那吴汉在干什么？"

"吴汉将军看上去倒是很淡定，和平时一样，这会儿正在修整武器，激励军士们的士气。"

刘秀松了一口气，满意地说："在这个紧要关头，只有吴汉仍充满斗志，还勉强能振作大家的意志。有他在，就相当于拥有了一个国家。"

08 议论和评价／勉强·差强人意

成语个性

"差"在这里读作第一声"chā"，是"大致还可以"的意思。这个成语的意思是基本上让人满意，可不是非常差劲的意思，使用的时候一定要注意。

例句

- 王渔洋《古诗选》亦不能有当人意，算起来还是张翰风的《古诗录》差强人意。（清·刘鹗《老残游记》）
- 由于准备不太充分，这次的表演差强人意，离预想的结果还有一定差距。

101

千虑一得
qiān lǜ yì dé

春秋·晏婴《晏子春秋·内篇杂下》："婴闻之：'圣人千虑，必有一失；愚人千虑，必有一得。'"

释 愚笨的人千百次的考虑中，总会有可取的地方。现在一般用于对自己见解的谦虚说法。

近义 一得之见　抛砖引玉

反义 千虑一失　一无所得

晏婴是春秋时期齐国的大夫，这是古代很大的官。但晏婴和其他大官不一样，生活上很俭朴。

一天，晏婴刚把饭菜摆上桌，准备吃午饭，齐景公派人来找他商量事情。这个人是国君派来的，当然不能怠慢，可晏婴家里除了桌子上的饭菜，再也没有什么好东西招待他了，晏婴只好把自己的饭菜分给他吃。结果，两个人都没吃饱。

那人回去后，把这件事告诉齐景公，齐景公惊讶地说："晏婴是我国的大夫，人人都以为他穿的是绫罗绸缎，吃的是山珍海味，没想到他竟然这么穷困。传我的命令，给晏婴送一千两金子过去。"

小吏带着金子来到晏婴家，晏婴说什么也不肯收。小吏又把金子带回去见齐景公，齐景公说："真是个倔脾气，给他送回去。"小吏很无奈，只好又返回晏婴家。

"晏婴大人，您就收下吧！国君听说您生活非常贫困，心里十分挂念，这是他的一番好意，您就收下吧！再说国君的脾气您还不了解吗？他既然已经决定把这些金子送给您，就不会轻易收回去。您就不要让我跑来跑去，两头为难了！"

晏婴说："那我和你一起去见国君，我自己跟他解释吧！"

晏婴来到宫里，对齐景公说："我非常感激您对我的关怀，可是我家里真的不缺钱花。您每年给我的俸禄，已经足够让我和家人吃饱穿暖，而且有富余的用来救济穷人。您的好意我已经记在心里了，但这些金子我真的用不着，请您收回去吧！"

齐景公说："你是齐国的大夫，对我忠心耿耿，对百姓尽职尽责，为国家呕心沥血，我赏赐你一些金子，也是应该的啊。想当年，管仲立了大功，齐桓公赐给他封地，赏给他金银，他都收下了。你为什么就是不肯收呢？"

晏婴说："虽说管仲是圣人，但圣人考虑千百次，总会有一次考虑不当，做出错误选择；而愚蠢的人考虑千百次，总会有一次是正确的。说不定在这件事上，我的做法更正确更合理呢！"

齐景公再也没有理由反驳，只好收回金子，但他对晏婴更加敬重了。

例句

🍄《千一疏》其所著书名，取"千虑一得"之义。（清·俞樾（yuè）《茶香室三钞·人通物语》）

🍄关于班级管理，我提出了一些意见，千虑一得，仅供大家参考。

成语个性

这个成语故事中还包含另一个成语"千虑一失"，指聪明人考虑事情时也会有疏忽、错误之处。

07 言语和口才

口才
口若悬河（4）
滔滔不绝
悬河泻水

口吻生花
出口成章
妙语连珠
口吐珠玑
娓娓动听
娓娓不倦

娓娓而谈
侃侃而谈
掉舌鼓唇
引经据典
高谈阔论
高谈雄辩

辩才无碍
谈辞如云
顽石点头（6）
天花乱坠（8）

伶牙俐齿
能说会道
能言善辩
喙长三尺
巧舌如簧（10）

巧言如簧
三寸不烂之舌
三寸之舌
笨嘴拙舌
心拙口夯

言辞精当
谈言微中（12）
巧发奇中

言必有中
言必有据
有的放矢
切中时弊
一语道破

一语破的
一针见血
一发破的
头头是道
言之凿凿
言之成理

言之有理
言之有物
微言大义
要言妙道
诛心之论
一言九鼎

一言丧邦
一言兴邦
掷地有声
字斟句酌
欬唾成珠
语惊四座

妙语惊人

言语表达

深入浅出
一字一板
声如洪钟
南腔北调
声嘶力竭
大呼小叫
呼幺喝六
借题发挥

言归正传
自圆其说
溢于言表
不可言传
一言难尽
言不尽意
骨鲠在喉
无庸赘述

词不达意
言不逮意
挂一漏万
颠三倒四
语无伦次
漏洞百出
破绽百出
牵强附会

红口白牙
矢口否认
口不择言
急不择言
言多必失
祸从口出
不知进退
不知死活

自说自话
自言自语
念念有词
喃喃自语

淋漓尽致
一五一十
绘声绘色
绘影绘声
声情并茂

模仿附和
拾人牙慧（14）
拾人涕唾

鹦鹉学舌
人云亦云
吠形吠声

吠影吠声
一犬吠形，百犬吠声

随声附和
唯唯诺诺

含糊

拐弯抹角
转弯抹角
旁敲侧击
支吾其词

期期艾艾（16）
吞吞吐吐
含糊其辞

含糊其词
闪烁其词
隐约其辞
语焉不详

模棱两可
云山雾罩
不知所云
轻描淡写

顾左右而言他

迂回曲折
隐晦曲折

07 言语和口才

附录 分类成语

重复啰唆	颠来倒去 口口声声 千叮万嘱	千呼万唤 三纸无驴（18）	博士买驴 枝词蔓语 闲言碎语	闲言闲语 刺刺不休 喋喋不休	絮絮不休 呶呶不休
话多	千言万语 贫嘴薄舌	贫嘴恶舌 唇焦舌敝	口干舌燥		
简练	一言半语 只言片语 三言两语	长话短说 一言以蔽之 片言只语	言简意赅 言近旨远 简明扼要	一字褒贬 言简意深 要言不烦	
空洞	长篇大论 不着边际 夸夸其谈 大放厥词	天马行空 东拉西扯 海阔天空 指东话西 漫无边际 泛泛而谈	空洞无物（20） 空言无补 空口无凭	一纸空文 徒托空言 言之无物 之乎者也	坐而论道 纸上谈兵
枯燥	老生常谈 老调重弹	旧调重弹 陈词滥调	照本宣科 语不惊人	味同嚼蜡	
交谈	抵掌而谈 出口入耳 促膝谈心	窃窃私语 话不投机 交头接耳 妄言妄听	姑妄言之，姑妄听之 谈天说地	山南海北 天南地北 天南海北	插科打诨 谈笑风生 语笑喧哗
争论	指手画脚 指手划脚 口诛笔伐 笔墨官司 唇枪舌剑 夹枪带棒	振振有词 振振有辞 各执一词 各持己见 各执己见 据理力争	身轻言微 舌战群儒 强词夺理 争长论短 不平则鸣 人微言轻	不容分说 聚讼纷纭 一面之词 不攻自破 不容置喙 不由分说	以子之矛，攻子之盾 各抒己见 百家争鸣 讨价还价 莫衷一是 晓晓不休 入室操戈

105

07 言语和口才

附录 分类成语

徒劳	对牛弹琴(22)	徒费唇舌 枉费唇舌			
夸张	大言不惭 自吹自擂 大吹大擂	夸大其词 骇人听闻 自卖自夸	危言耸听 一惊一乍 耸人听闻 添油加醋	添枝加叶 言过其实(24)	言之过甚 大而无当
荒谬 信口雌黄(26)	信口开河 自相矛盾 痴人说梦(28)	荒诞不经 荒诞无稽 荒谬绝伦 天方夜谭	海外奇谈 不经之谈 无稽之谈 胡说八道	胡言乱语 无中生有 奇谈怪论 齐东野语	妖言惑众 谬种流传 讹言谎语 弥天大谎
良言	金口玉言 金玉之言	金玉良言 金石良言	一言千金 药石之言	良药苦口 忠言逆耳	至理名言 嘉言懿行
巧言	花言巧语 巧言令色	糖舌蜜口 甜言蜜语	甜嘴蜜舌 油腔滑调	油嘴滑舌	
恶语 尖酸刻薄 冷嘲热讽 尖嘴薄舌	轻嘴薄舌 轻口薄舌 欲加之罪，何患无辞	血口喷人 狗血喷头 含沙射影 指桑骂槐 含血喷人	赤口毒舌 赤口白舌 出言不逊(30) 口出狂言	倒打一耙 恶语伤人 反唇相讥 反唇相稽 冷言冷语	冷语冰人 破口大骂 肆言詈辱 不堪入耳
虚伪 言不由衷	口蜜腹剑(32) 违心之论	行浊言清 口不应心 心不应口	口是心非 心口不一 装腔作势	拿腔作调 阴阳怪气	
掩饰	文过饰非(34) 遮前掩后	藏头露尾 话中有话 弦外之音	言外之意 言下之意 意在言外	醉翁之意 不在酒	

07 言语和口才

附录 分类成语

询问	明知故问 盘根问底	盘根究底 刨根问底	寻根究底 寻根问底	追根究底
应答	对答如流 应答如流	应对如流 问一答十	答非所问 不假思索	
劝说	苦口婆心 语重心长	好说歹说 现身说法	晓之以理 谆谆告诫	
号召煽动	大声疾呼 （36） 登高一呼	振臂一呼 摇旗呐喊 奔走呼号	兴风作浪 推波助澜 摇唇鼓舌	鼓唇摇舌 煽风点火 火上浇油	蛊惑人心
挑拨	搬唇弄舌 搬口弄舌	调唇弄舌 调嘴弄舌	搬弄是非 赤舌烧城	挑拨离间
沉默 绝口不道（38） 只字不提 不赞一词 避而不谈	无可奉告 讳莫如深 秘而不宣 难言之隐 难以启齿 噤若寒蝉（40）	守口如瓶 钳口结舌 钳口不言 张口结舌 缄口不言 缄口结舌 杜口裹足	敢怒而不敢言 万马齐喑 三缄其口 装聋作哑 默不作声 不声不响	一声不响 一言不发 沉默寡言 谨言慎行 无言以对 理屈词穷 哑口无言	有口难辩 百口莫辩 百喙莫辩 有口难言
誓言	指天誓日 指天画地	指天划地 海枯石烂	山盟海誓 海誓山盟	信誓旦旦
守信	言必信，行必果 言而有信 言行一致	季布一诺 一诺千金（42） 言信行果 信及豚鱼	一言既出，驷马难追（44） 驷不及舌	说一不二 一言为定 言犹在耳 驷马难追	

107

07 言语和口才

失信	食言而肥（46）	自食其言 言而无信	背信弃义 轻诺寡信	出尔反尔（48）	口血未干（50）
传播	泄漏天机 通风报信	不胫而走 不翼而飞	奔走相告 传诵一时	一传十， 十传百	
谣言 子虚乌有（52） 空穴来风 捕风捉影	以讹传讹 三豕涉河 三豕渡河 道听途说（54） 以耳代目	众口铄金 积毁销骨 三人成虎（56） 曾参杀人（58）	郢书燕说（60） 丁公凿井 穿井得人 一人传虚， 万人传实	讹言惑众 造谣惑众 造谣生事 造谣中伤 凭空捏造 飞短流长	流言飞语 流言蜚语 聚蚊成雷 人言可畏 污泥浊水
直言 开门见山 直截了当 单刀直入 和盘托出	一吐为快 言无不尽 心直口快 快人快语 脱口而出 心口如一	心口相应 言为心声 有口无心 肺腑之言 倾心吐胆 吐胆倾心	交浅言深 直言正论 仗义执言 义正词严 慷慨陈词 豪言壮语	理直气壮 舌锋如火 正色直言 直言贾祸 畅所欲言 直抒己见	直抒胸臆 直言不讳 无庸讳言 毋庸讳言 实话实说

108

08 议论和评价

附录 分类成语

议论

甚嚣尘上（62）

满城风雨（64）

风风雨雨
风言风语

津津乐道
七嘴八舌
人多嘴杂
数短论长
数黑论黄
说白道黑
说东道西
说三道四

说是谈非
说长道短
指指点点
言人人殊
作舍道边
防民之口，
甚于防川
广开言路

物议沸腾
民怨沸腾
沸反盈天
人言籍籍
人言啧啧
啧有烦言
怨声载道
天怒人怨

轩然大波
沸沸扬扬
纷纷扬扬
街谈巷议
众说纷纭
议论纷纷
异口同声
众口同声

众口铄金
众口熏天
众口一词

夸赞

逢人说项
掩恶扬善
隐恶扬善
歌功颂德
功德无量
口碑载道

虽死犹生
可歌可泣
名不虚传
有口皆碑
众口交赞
交口称誉
截镫留鞭
难能可贵

不可限量
刮目相看
另眼相看
青眼相看
肃然起敬
五体投地
推崇备至
心服口服

心悦诚服
心折首肯
奉若神明
奉如神明
奉为楷模
奉为圭臬
抚掌击节
击节叹赏

有目共赏
啧啧称羡
赞不绝口
可圈可点
传诵一时
脍炙人口
喜闻乐见
不同凡响

叹为观止
拍案叫绝
拍案惊奇
蓬荜生辉
不虞之誉
溢美之词
溢美之辞

批评

跖犬吠尧（66）

桀犬吠尧
口诛笔伐
笔诛墨伐
兴师问罪

指手画脚
指手划脚
不以为然
指名道姓
鸣鼓而攻
群起
而攻之
众矢之的

千夫所指（68）

动辄得咎
难辞其咎
伤风败俗
有伤风化
大逆不道
不可救药

一无是处
一钱不值
一无可取
成事不足，
败事有余
有损无益
情理难容
谬种流传

金玉其外，败絮其中（70）

名不副实
徒有其表
徒有虚名
虚有其表
华而不实

大而无当
冠冕堂皇
花拳绣腿

味如鸡肋（72）

自相矛盾（74）

完美

白璧无瑕

白玉无瑕
美玉无瑕
十全十美

尽善尽美
至善至美
尽如人意

锦上添花
天衣无缝（76）

完美无缺
滴水不漏
严丝合缝

无懈可击
完好无缺
完好无损

08 议论和评价

略有欠缺
白璧微瑕　大醇小疵　瑕不掩瑜
白玉微瑕　美中不足　瑕瑜互见

准确
至理名言　毫厘不差　切中时弊　白纸黑字　毋庸置疑
放之四海而皆准　毫厘不爽　丝丝入扣　真凭实据　不容置疑
不易之论　　　　不失毫厘　确凿不移　千真万确　毫无疑义
不刊之论　弹无虚发　不差累黍　确凿无疑　无可争辩
诛心之论　分毫不爽　屡试不爽　不折不扣　无可置疑
颠扑不破　纤毫不爽　行之有效　凿凿有据　无庸置疑

差错
大谬不然（78）　差之毫厘，谬以千里　差之毫厘，失之千里　失之毫厘，差之千里　失之毫厘，谬以千里
似是而非　混为一谈　漏洞百出　破绽百出　毫厘千里

公正
天公地道　天网恢恢　自有公论　平心而论
天理良心　天理昭彰　持平之论　实事求是

合理
合情合理　理所当然　不在话下　名正言顺
入情入理　不言而喻　顺理成章

荒谬
白日做梦　想入非非　荒诞无稽　异端邪说
痴心妄想　异想天开　荒谬绝伦　离经叛道
白日见鬼　非分之想　荒诞不经　天方夜谭　岂有此理

适度
不温不火　恰到好处
不瘟不火　恰如其分

重要
斯事体大　荦荦大者　非同小可
荦荦大端　不可或缺　重于泰山

08 议论和评价

无关紧要
不值一提
一笔带过
不足挂齿
何足挂齿
不足为凭
不足为训
细枝末节
旁枝末节
鸡零狗碎
鸡毛蒜皮
轻如鸿毛
轻于鸿毛
疥癣之疾
区区小事
微不足道
无关大体
无关大局
无关宏旨
无关紧要
无关痛痒
无伤大雅
无足轻重
可有可无
视如敝屣
视如草芥
视如粪土

评价
臧否人物
皮里春秋
皮里阳秋
一字褒贬
褒善贬恶
谈今论古
谈古论今
论古谈今
说今道古
厚今薄古
厚古薄今
是古非今
以古非今（80）
颂古非今
尊古卑今
借古讽今
评头论足
品头论足
毁誉参半
就事论事
见仁见智
仁者见仁，智者见智
十目所视，十手所指
不以一眚掩大德
盖棺论定
一概而论
一分为二
总而言之
秋后算账
审己度人
论资排辈
夫子自道
一家之言
擘肌分理
析毫剖芒
条分缕析
抽丝剥茧
枝叶扶疏
鞭辟入里
入木三分

评判失当
未风先雨
混淆黑白
混淆视听
混淆是非
是非不分
玉石不分
薰莸不辨
薰莸莫辨
穿凿附会
妄生穿凿
凿空之论
以貌取人（82）
以容取人
以言取人
以人废言
囿于成见
先入为主（84）
一笔抹杀

难测
高不可攀
曲高和寡（86）
匪夷所思
高深莫测
深不可测
神秘莫测
玄妙莫测
玄之又玄
不可捉摸
耐人寻味
意味深长

高下优劣
小时了了（88）
五十步笑百步（90）
同日而语
相提并论
等量齐观
至高无上
高人一等
低人一等
三六九等
略胜一筹
稍胜一筹
稍逊一筹
略逊一筹
俗不可耐
不登大雅之堂
不三不四
不伦不类
非驴非马

附录 分类成语 08 议论和评价

多样	百花齐放 尺短寸长	尺有所短， 寸有所长	各有千秋 环肥燕瘦		
普遍	耳熟能详 （92）	不足为奇 不足为怪	平淡无奇		
罕见	闻所未闻 （94）	亘古未闻 亘古未有	旷古未闻 旷古未有	前所未闻	
奇特	咄咄怪事 （96）	稀奇古怪 千奇百怪	神乎其神 惊天地， 泣鬼神	惊世骇俗	
无奇不有	异乎寻常	难以置信			
认可	天经地义 像模像样	有模有样 中规中矩	无可非议 未可厚非	无可厚非 （98）	情有可原
勉强	聊胜于无 牵强附会	差强人意 （100）	**自夸**	孤芳自赏 自吹自擂	自卖自夸 尊己卑人
自谦	刻画无盐， 唐突西子	引玉之砖	**自卑**	自轻自贱 妄自菲薄	
劝勉	学海无涯 逆水行舟	自求多福 好自为之	胜不骄， 败不馁	少安毋躁 有则改之， 无则加勉	从善如登 明德惟馨
千里之行， 始于足下	不进则退 有志者， 事竟成	来日方长 宴安鸩毒	胜败乃 兵家常事	人而无信， 不知其可	放下屠刀， 立地成佛
行远自迩	愚者千虑， 必有一得	千里之堤， 溃于蚁穴	吃一堑， 长一智	惩恶劝善 劝善惩恶	晨钟暮鼓 暮鼓晨钟
行百里者 半九十	千虑一得 （102）	满招损， 谦受益	引以为戒 戒骄戒躁	从恶如崩	当头棒喝
学无止境					

8 议论和评价

祝辞

	福寿年高	万寿无疆	吉星高照	万事如意	长命富贵
	福寿齐天	花好月圆	吉人天相	心想事成	
三阳开泰	长命百岁	凤凰于飞	逢凶化吉	紫气东来	
三阳交泰	长生不老	洪福齐天	遇难成祥	鹏程万里	
寿比南山	龟年鹤寿	吉祥如意	万事大吉	一帆风顺	
福如东海	海屋添筹	福星高照	万事亨通	一路福星	

图书在版编目（CIP）数据

把成语用起来：一读就会用的分类成语故事. 四，言语和口才 议论和评价 / 歪歪兔童书馆编著. -- 北京：海豚出版社，2020.5（2023.11重印）

ISBN 978-7-5110-5136-3

Ⅰ. ①把… Ⅱ. ①歪… Ⅲ. ①汉语－成语－故事－青少年读物 Ⅳ. ①H136.31-49

中国版本图书馆CIP数据核字（2020）第000049号

把成语用起来——一读就会用的分类成语故事
歪歪兔童书馆 / 编著

出 版 人：王 磊
策　　划：宗 匠
监　　制：刘 舒
策划编辑：宋 文
撰　　文：徐王胤　尤艳芳
绘　　画：徐敏君
责任编辑：杨文建　许海杰
装帧设计：王 蕾　侯立新
责任印制：于浩杰　蔡 丽
法律顾问：中咨律师事务所　殷斌律师

出　　版：海豚出版社
地　　址：北京市西城区百万庄大街24号　邮　编：100037
电　　话：（010）85164780（销售）　（010）68996147（总编室）
传　　真：（010）68996147
印　　刷：北京博海升彩色印刷有限公司
开　　本：16开（860毫米×1130毫米）
印　　张：73.25
字　　数：800 千
印　　数：190001-200000
版　　次：2020 年 5 月第 1 版
印　　次：2023 年 11 月第 12 次印刷
标准书号：ISBN 978-7-5110-5136-3
定　　价：450.00 元（全十册）

版权所有　　侵权必究